JINGJING XIAOYUAN

JINGPIN DUWU

CONGSHU

趣味俗语

本书编写组◎编

QUWEI SUYU

人生有涯而学海无涯。学子以有限的人生通晓万物是根本不可能的，但校园之中采英撷要，广见识，记精要，不失为精明学子为学之道。

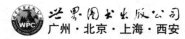
世界图书出版公司
广州·北京·上海·西安

**图书在版编目（CIP）数据**

趣味俗语/《菁菁校园精品读物丛书》编委会编．—广州：
广东世界图书出版公司，2009.4（2024.2 重印）
（菁菁校园精品读物丛书）
ISBN 978 - 7 - 5100 - 0611 - 1

Ⅰ．趣… Ⅱ．菁… Ⅲ．汉语—俗语—汇编 Ⅳ．H136.4

中国版本图书馆 CIP 数据核字（2009）第 056509 号

| 书 名 | 趣味俗语 |
| --- | --- |
| | QUWEI SUYU |
| 编 者 | 《菁菁校园精品读物丛书》编委会 |
| 责任编辑 | 柯绵丽 |
| 装帧设计 | 三棵树设计工作组 |
| 出版发行 | 世界图书出版有限公司 世界图书出版广东有限公司 |
| 地 址 | 广州市海珠区新港西路大江冲 25 号 |
| 邮 编 | 510300 |
| 电 话 | 020-84452179 |
| 网 址 | http://www.gdst.com.cn |
| 邮 箱 | wpc_gdst@163.com |
| 经 销 | 新华书店 |
| 印 刷 | 唐山富达印务有限公司 |
| 开 本 | 787mm×1092mm　1/16 |
| 印 张 | 10 |
| 字 数 | 120 千字 |
| 版 次 | 2009 年 4 月第 1 版　2024 年 2 月第 10 次印刷 |
| 国际书号 | ISBN　978-7-5100-0611-1 |
| 定 价 | 48.00 元 |

# 前 言
*Qian Yan*

　　有人说：读书"足以怡情，足以博采，足以长才"，使人开茅塞、除鄙见、得新知、养性灵——因为书中有着广阔的世界，书中有着永世不朽的精神，虽然沧海桑田，物换星移，但书籍永远是新的。所以，热爱读书吧！像饥饿的人扑到面包上那样，热爱读书，阅读撼人心弦的高贵作品，亲炙伟大性灵的教化，吸收超越生老病死的智慧精华，把目光投向更广阔的时空，让心灵沟通过去和未来、已知和未知。

　　世纪老人冰心说过："读书好，好读书，读好书。"这是一句至理名言。读一本好书，可以使人心灵充实，使人明辨是非，使人有爱心和文明行为、礼仪规范；而读一本坏书，则使人心胸狭窄、不知羞耻、自私残暴。

　　为什么而读书呢？一是为读书而读书，没有明显的目的；二是为了考上一所好大学；三是为了古人所说的"修身养性"；四是为了中华民族的伟大复兴。在这四种人中，第一种人是最可怜的，因其无理想、无奋斗目标，"不是我想读书，是父母硬要我来读书的"。没有理想的人就如无源之水、无本之木，其生命之泉将提前枯竭，留在世上的只是一堆行尸走肉罢了。在青少年时代就没有人生理想，这是最可怕的。我们要坚信，明天的失败都是由于今天不努力。第二种人目标明确，父母花了大价钱将其送进中学，就是为了考个好大学，将来混个好前程，这种人个人的算盘打得好，挺"现实"的——古人所说的"书中自有黄金屋，书中自有颜如玉"，应该是这类人的追求目标。第三种人读书，是为了"修身养性"。我国儒家曾把人生奋斗的目标定为三个层面七个字——"修身、齐家、平天下。"所谓"修身"，就是陶冶个人情操，培养个人品质，做社会的一个优秀分子；所谓"齐家"，就是说管理好家庭（甚至家族）；所谓"平天下"，就是说你若能"修好身、齐好家"，那么就把你的才华用来治理社会，为社会做贡献。"修身"是儒家人为自己定的最基本的人生标准。这种境

趣味俗语

界也是相当不错的。第四种人读书，乃为立志成为社会的栋梁之才。事实证明，读书决定一个人的修养和境界，关系一个民族的素质和力量，影响一个国家的前途和命运。一个不读书的人、不读书的民族，是没有希望的。

约一个世纪以前，有一位单瘦的学生在回答老师为什么而读书的时候，充满自信地说出"为中华之崛起而读书"的誓言，并用毕生心智去实现他的诺言，赢得了全中国乃至世界人民的敬重——他，就是我们敬爱的周恩来总理。

亲爱的同学，若你热爱生命的话，那就认真读书吧！书籍是全人类智慧的结晶、是人类进步的阶梯，书籍可以帮助你跟上时代的步伐。"半亩方塘一鉴开，天光云影共徘徊。问渠哪得清如许，为有源头活水来。"通过读书，可以让你掌握知识、增强本领、敢于创新，可以给你智慧、勇敢和温暖，可以使你成为知识的富翁和精神的巨人，成为我们伟大祖国 21 世纪的高素质的建设者。

# 目 录

*MuLu*

# A

阿大着新，阿二着旧，阿三着破，阿四着筋。

阿斗有权，诸葛亮有能。

阿爹养仔春过春，仔养阿爹过日辰。

阿娘养我记不得，只看当今自养人。

挨过毒蛇咬，害怕见草绳。

挨一拳，得一着；挨十拳，变诸葛。

挨金似金，挨玉似玉，挨着木匠学拉锯。

挨着大树不着霜。

爱叫的麻雀不长肉。

爱衣常暖，爱食常饱。

爱火不爱柴，火从哪里来？

爱走黑路，总要撞鬼。

爱子当先训子，起家应先保家。

爱花连枝惜，怨鸡连窠怨。

爱者如金，不爱者如土。

爱亲攀亲，亲上加亲。

爱惜五谷，儿孙多福。

爱博而情不专。

爱钱的不爱人，爱人的不爱钱。

爱枪的百发百中，爱琴的歌声动听。

爱开玩笑的人往往把正事贻误。

爱不是强扭的，幸福不是天赐的。

爱情用钱买，终久两不爱。

爱之深，恨之切。

安身处处牢。

安不可忘危，治不可忘乱。

安居不用架高堂，书中自有黄金屋。

安乐须防艰难时。

安卧扬帆，不见石滩；靠天多幸，白日入阱。

安钢要在刀口上，不要安在刀背上。

安钢用在刀刃上，不要用在刀背上。

安一经，损一脏。

按倒的母鸡不下蛋。

按下葫芦瓢又起。

按人口做饭，量身体裁衣。

按人下菜碟。

暗箭难防。

暗室亏心，神目如电。

暗地里拨火儿。

熬过九九八十一难。

熬酒煮酒，谁也不敢称老手。

鳌儿脱却金钩去，摇头摆尾不再回。

傲不可长，志不可满，乐不可极。

鳌子好了，烙的饼也好。

# B

八仙过海，各显其能。

八斗的小瓮装不下一石。

八哥嘴巧过不了潼关。

八两配半斤。

八岁八，掉狗牙。

八岁孩童能数九，八十岁老公不识时。

八十岁的公公难定柴米价。

八九不离十。

巴掌不及拳头，单丝不及麻绳。

巴掌大捂不过天来。

扒开篱笆让狗钻。

扒了东墙补西墙，结果还是住破房。

拔苗不如挖根。

拔苗助长。

拔树要拔根。

拔一毛利天下而不为。

拔来毛，生不牢。

拔了毛的凤凰不如鸡。

拔出蒿子显出狼。

拔出萝卜带出来泥。

拔了蒿子显出头。

拔了萝卜窟窿在。

把别人身上的病，当自己身上的病来治。

把薪助火，如虎添翼。

把假神当真神，拿妖魔当观音。

把戏把戏，全是假的。

把秃尾巴母鸡，当成脱毛

凤凰。

把猫说成虎，把狗当做狼。

把你捧得高的人，正是害你的人。

把舌头伸直再说话。

把好钢用在刀刃上。

把钱花在正事上。

白猫，黑猫，逮住耗子就是好猫。

白的易黑，黑的难白。

白天念佛，夜里做贼。

白天打成一堂，夜里困拢一床。

白天找不到黑夜找，秋天做不完冬天做。

白天装太阳，晚上装月亮。

白天逍遥走四方，黑夜熬油补衣裳。

白天不怕人来借，晚上不怕贼来偷。

白发不随老人去，看看又上少年头。

白鸽子只认屋脊头。

白脖子吃不了黑脖子饭。

白脸狗，笑面虎。

白纸画黑道，谁画谁知道。

白纸上写着黑字，板上钉钉。

白纸入染缸，染于苍则苍，染于黄则黄。

白布落进染缸里，满缸清水洗不清。

白豆腐也能说出血来。

白虱子又吃人又羞人。

白杨叶子两面光。

白银买动黑人心。

白底扇子扇好汉，家里无米下铁罐。

白酒红人面，黄金黑人心。

白酒酿成筵好客，黄金散尽为诗书。

白壁不可为，丑容多后福。

白吃白喝白穿孝。

白吃杨梅嫌核大。

白手起家真志士，赤心报国是忠臣。

白日莫闲过，青春难再回。

白日点灯灯不明，黑夜走路

路不平。

白沙在涅，不染自黑；蓬中生麻，不扶自直。

百炼成钢。

百艺通，不如一艺精。

百星不如一月。

百足之虫，死而不僵。

百闻不如一见，一见不如实践。

百里不抽一。

百里挑一。

百里不同风。

百里不同俗，十里改规矩。

百里无真信，三里无真味。

百年随缘过，万事转头空。

百年寿限不准有，百年计划不能无。

百年是大限。

百年成之不足，一旦坏之有余。

百年随时过，万事转回空。

百事通，万人嫌。

百事起头难。

百岁老公公，难忘父母养育恩。

百步无轻担。

百病从口入，百祸从口出。

百病百药医，逆症无药医。

百病乘虚而入。

百病从风起。

百姓百样性。

百姓爱幺儿，皇帝爱长子。

百日鸭，正好杀；百日鹅，杀不错。

百日鸡，正好吃。

百日打柴一日烧。

百无一用是书生。

百货中百客，一人养一身。

百般奸狡百般穷。

百人里头出孝子。

百人吃百味，百里不同风。

百巧百能，声叫声应。

百巧百能，一辈子受穷。

百样生意百样做。

百样通不如一样精。

百样手艺不抵用，百样海味不抵盐。

百行百弊。

百艺通，无米春。

百麦不成面，百米不成饭。

百战之后，豪杰挺生。

百炼钢化为绕指柔。

百丈之堤，溃于蚁穴。

百闻不如一见，百见不如一干；听过不如见过，见过不如做过。

百能百巧老受穷。

百问千灵万圣人。

百川归海而海不盈。

百花畏狂雨，万木怕深秋。

百见不如一做。

百事宜早不宜迟。

百般事仗少年好。

百沾不如一防。

百密不如一疏。

柏树不开花，石磙不发芽。

摆渡摆到江边，造塔造到塔尖。

败棋有胜着。

败子不如无。

败子不怕财多。

败子败子，败完就死。

败子收心值千金。

败子回头金不换。

败子若收心，犹如鬼变人。

搬山填海，只要齐心。

搬砖砸砖。

搬起石头砸自己的脚。

搬家丢了老婆。

搬不了大石头，塌不下大窟窿。

般般皆会，件件不精。

板凳上学不出骑术，不流汗练不出真功夫。

板凳当柴烧，吓得床儿怕。

板不正，苗心歪。

办法好不好，大胆试验就知道。

办酒容易请客难，请客容易款客难。

办事要上见得官，下见得民。

办点亏心事，近在自己，远在儿孙。

半路上杀出个程咬金。

半夜说起五更走，天亮还在

大门口。

半夜水鹊，叫不到天明。

半桶水会溅，骄傲的人常吹牛。

半瓶子醋好晃荡。

半瓶子醋的人，总是话多。

半升米不托后娘煮。

半斤对八两，拳头对巴掌。

半顿强似断顿。

半蓬风好使，伸头椽先烂。

伴生不如伴熟。

绊三跤，方知天高地厚。

绊人的木桩不在高。

帮腔上不了台。

帮人帮到底，送佛送到西。

帮虎吃食。

帮邻不帮亲，帮亲打死人。

帮得言，帮不得钱。

帮理不帮亲。

帮工抓背，事半功倍。

帮言无帮钱，好心有好报。

膀大腰细，必定有力。

包子有肉不在褶上。

包子好吃，赛过饺子。

包米去了头，力气大似牛。

褒贬鸡蛋没有缝。

褒贬是买主，喝彩是闲人。

宝剑必付烈士，奇方必送良医。

宝剑送勇士，红粉赠佳人。

宝剑锋从磨砺出，梅花香自苦寒来。

宝刀不磨刀不利，骏马没膘不能骑。

宝刀藏鞘里，日久也生锈。

宝店不漏针。

宝石在哪里也放光。

宝石的光彩，灰尘蒙不住。

饱时莫忘饥时苦，有衣莫忘无衣难。

饱打瞌睡饿心酸。

饱暖生闲事。

饱暖生淫欲，饥寒起盗心。

饱知世事慵开口，看破人情但点头。

饱餐三饭常知足，得一帆风便可收。

饱食足衣，乱说闲耍，终日

昏昏，不如牛马。

饱不洗澡，饿不剃头。

饱不知饿，暖不知寒。

饱带干粮，暖带衣裳。

饱肥甘衣轻裘，不知节省损福。

饱汉不知饿汉饥，骑驴不知步行苦。

饱汉不知饿汉饥，还说饿汉无力气。

饱汉眼里糕点算不了食品。

豹的文彩在浮皮，人的成色在心里。

豹死留皮，人死留名。

暴风雨中才识好船长。

暴躁的人跳着叫，有智的人坐着笑。

悲喜为邻。

北风也有转南时。

被雨淋过的人，不怕露水。

被狗所吠者，未必皆盗贼。

倍加功夫，自然妙生。

背后不商量，当面无主张。

背后的话，不听也罢。

背地杀皇帝，隔山骂知县。

背故向新。

背无好疮。

背巷出好酒。

背上置得锅，性子点得火。

背上背把量天尺，先量自己后量人。

本领是在困难中学来的。

本小利窄。

本地姜不辣。

本地没朱砂，红土也为贵。

本不去，利不来；旧的不去，新的不来。

本山牛，只吃本山草。

本事是真的，西洋镜是空的。

本钱易出，伙伴难求。

本大利大。

笨木匠好跟工具吵架。

笨鸭子上不了鹦鹉架。

笨鸟先飞，人多智广。

笨工出巧匠。

笨贼偷碾子。

笨人先离村，笨鸟早出林。

甭把自己看成柱石，休将他人比作茅草。

逼狗遭咬。

逼得好汉上梁山。

逼煞好汉，带累穷人。

鼻孔朝天的人会跌进粪坑。

鼻涕小子出好汉。

鼻子不通，吃点大葱。

鼻子没嘴近。

鼻子下头是路。

比河短的桥，造得再好也没有用。

比着肚子裁裤子。

比着买不得，比着卖不得。

比上不足，比下有余。

比如积薪，后来者居上。

笔写下来的，斧头砍不断。

笔勤能使手快，多练能使手巧。

笔如刀利。

笔情达千里。

笔下杀人不用刀。

臂力大胜一人，知识多胜千人。

臂膊总是朝里弯。

臂膊扯不过大腿去。

臂膊不能朝外曲。

鄙儒不如都士。

鄙啬之极，必有奢男。

避重就轻，预宽取窄。

避虎逃下山，避蛇跑转弯。

必须一篙竿子打到底。

闭着眼捉不住麻雀，不调查做不好工作。

闭门造车，出不合辙。

闭门家里坐，祸从天上来。

闭门不管庭前月，吩咐梅花自主张。

闭口葫芦肚里空，窗纸打破两面明。

闭口深藏舌，安身处处牢。

鞭只伤肉，恶语伤骨。

边学边问，才有学问。

边做边学是人，边红边甘是果。

编筐织篓，养活家口。

编篓握篓，养活两口；不会拧沿，饿死一半。

遍地出黄金，就怕不用心。

遍地是黄金，一分本事一分银。

遍地有黄金，单等勤劳人。

遍地是黄金，只要人去寻。

变戏法的瞒不住敲锣的。

变性一时。

变皮变不了瓢。

变天乘荫凉，冬天乱慌忙。

变了一世岩鹰，却被鹞抓了爪。

表壮不如里壮。

别让口馋的人看见你的大碗。

别昧着良心做事。

别人的缺点，是自己的镜子。

别人看我不多大，我看别人大不多。

别人屁臭，自己粪香。

别人求我夏天雨，我求别人六月霜。

别看人的容颜，要看人的心灵。

别看人家的笑话，家家都有难唱的曲。

别看是黑色的牛，可有白色的奶。

别拿着窝窝头不当干饭。

别嫌本小利钱薄，赚点总比花点好。

瘪瘪歪歪，千年不坏。

瘪芝麻榨不出油来。

冰火不同炉。

冰雪虽厚，过不了六月。

冰冻三尺，非一日之寒。

冰山不可靠。

兵在精而不在多，将在谋而不在勇。

兵贵神速，人贵思索。

兵听将令，马听锣声。

兵不厌诈。

兵不斩不齐。

兵不离阵，车不离站，道士和尚不离寺院。

兵不在多而在精，将不在勇而在谋。

兵打兵，力气撑。

兵败如山倒。

兵糊涂一个，将糊涂一群。

兵到战时方知穷，书到用时方嫌少。

兵来将挡，水来土掩。

兵过篱笆倒。

兵马未动，粮草先行。

兵的口粮，官的排场。

病人怕肚胀，强盗怕照相。

病人要撑，产妇要睡。

病人不忌嘴，大夫跑断腿。

病从心上起。

病从口入，祸从口出。

病从虚处发。

病不瞒医。

病急乱投医。

病来如箭，病去如线。

病来时猛如泰山，病去时慢如游仙。

剥掉皮浑身是胆。

剥削钱，在眼前；血汗钱，万万年。

脖子再长，高不过脑袋。

膊子折了往袖子里藏。

伯乐相马，和氏识璧，慧眼识人才。

鹁鸽知向旺处飞。

薄地怕勤汉，肥地怕懒蛋。

薄唇轻言。

薄唇子好说话。

薄礼强失礼。

薄处先通，细处先断。

薄技在身，胜握千金。

薄利广销生意好。

薄利能多销，暴利冷萧条。

薄薄酒，胜茶汤；粗粗布，胜无裳；丑妻胜空房。

簸箕大的手，掩不住众人口。

捕役养贼。

捕快贼出身。

捕风捉影，掩耳盗铃。

补漏趁天晴，读书趁年轻。

不依规矩，不成方圆。

不求有功，但求无过。

不贪人田地，只贪人精智。

不自反省，看不出一身病情。

不嚼碎，不知味。

不安心，不知事；不虚心，不成事。

不自满者受益，不自是者博闻。

不读一家书，不识一家字。

不能靠天吃饭，全靠两手动弹。

不端人家的碗，不受人家的管。

不站人前，不落人后。

不动笤帚地不光，不动锅铲饭不香。

不踏实的人，就像水上浮萍。

不晓撑船嫌溪弯。

不知足者，富贵亦忧。

不知天地多少厚，但知人情秋云薄。

不登高山，不见平地；不经锻炼，不会坚强。

不怨天，不尤人。

不花力气不能登高山。

不瞧吃的，但瞧穿的。

不因渔夫引，怎得见波涛。

不熟不得巧；熟能生巧，巧能生华。

不言的背后，正有难言者在。

不来不去，乐得和气。

不义之财，如汤泼雪。

不玩不笑，不成老少。

不尝黄连不知苦。

不显山，不露水。

不碰南墙不回头，不到黄河不死心。

不忍一时有祸，三思百岁无妨。

不受磨难不成佛。

不受挫折，不长知识。

不受一番冰雪苦，哪得梅花放清香？

不受苦中苦，难得甜中甜。

不打不成交。

不打不相识。

不打落水狗，提防咬一口。

不当家，不知柴米贵。

不当懒汉，能吃饱饭。

不怕不识货，只要货比货。

不识银色不算病，不识人色算大病。

不识好人心，狗咬吕洞宾。

不冷不热，不成世界；不热不冷，不成年景。

不进山门不受戒。

不进深山，难遇老虎；不做事情，难犯错误。

不杀杨广不煞戏，杀了杨广没戏唱。

不讲不笑，不成家教；不讲不笑，不成世道。

不入龟门，不生鳖气。

不懂装懂，永世饭桶。

不懂远近厚薄，不识眉眼高低。

不管自己头上雪，尽管他人瓦上霜。

不种田不知千辛苦。

不想送人情，只想吃喜酒。

不想人的，舍不了己的。

不下水，一辈子也不会游泳；不扬帆，一辈子也不会操船。

不下苦工夫，难有好收成。

不自量力的人，就如夸父追日。

不在哪儿摔跤，不知哪儿中滑。

不见大海眼不宽。

不见不识，不做不会。

不见其人，先观其友。

不是冤家不聚头。

不是知者不与谈。

不是不报，日子未到。

不是鱼死就是网破。

不是一家人，不进一家门。

不是垃圾不上堆。

不是打虎手，过不去景阳岗。

不是把式不出乡，不是肥土不栽秧。

不会说话的人，不一定不会做事。

不会烧香得罪神，不会讲话得罪人。

不会睡觉怪床歪。

不会精打细算，枉有家财万贯。

不知则问，不能则学。

不知水深浅，切莫急下水。

不知者不为罪。

不知者不见怪。

不知心中事，但听口中言。

不吃黄连，不知道药苦。

不吃黄连，不知糖甜。

不吃饭则饥，不读书则愚。

不吃酒者脸不红，不做贼者心不惊。

不吃苦中苦，哪有甜中甜？

不到江边不脱鞋。

不到时辰不生，不到时辰不死。

不到船翻不跳河。

不到黄河心不死。

不到长城非好汉。

不到乌江不尽头。

不得名师真传，难得精湛技艺。

不挨一拳，不长一着。

不探深山，采不到人参。

不登高山，不知天高。

不经霜冻不知寒冷。

不经风雪寒，哪来满园春？

不经不改，一经百改。

不经一事，不长一智。

不劳动享不到幸福，不播种收不到五谷。

不爱惜花木，看不到花的美丽；不珍惜时间，得不到生命的价值。

不登高山，不知天高；不临深谷，不知地厚。

不鸣则已，一鸣惊人。

不砌一面墙，不听一面话。

不忧无路，只怕不做。

不贪意外财，不饮过量酒。

不走夜路，碰不上夜游神。

不怕一万，就怕万一。

不怕手粗，就怕心粗；不怕心浅，就怕志短。

不怕没条件，就怕志气短。

不怕正说，就怕倒说。

不怕生坏命，只怕生坏病。

不怕人笑话，但怕自己夸。

不怕楼房高，只要根基牢。

不怕老，最怕愁。

不怕输得苦，只怕戒了赌。

不怕有过，但怕不改。

不怕贫，就怕勤。

不怕怒目金刚，光怕眯眼菩萨。

不怕慢，只怕站；站一站，二里半。

不怕家里穷，只怕出懒虫。

不怕乱如麻，只怕不调查。

不怕百战失利，就怕灰心丧气。

不怕虎生双翼，只怕人起坏心。

不怕难，就怕不耐烦。

不怕事难，只怕众言。

不怕胡说，就怕没说。

不怕千人见，只怕一人识。

不怕费时，只怕返工。

不怕十人劝，单怕一人垫。

不怕鬼吓人，就怕人吓人。

不怕学不成，光怕心不诚。

不怕人不精，只怕艺不精。

不怕千招巧，就怕一招错。

不怕人不敬，就怕己不正。

不怕穷，就怕没志气。

不怕不会，就怕不学。

不怕少年苦，就怕老来穷。

不怕事难干，只怕心不专。

不怕千万事，只要天天做；不怕千万里，只要天天走。

不怕韧，只怕尽。

不怕事情难，就怕一个劲地缠。

不怕山高路远，就怕中途偷懒。

不怕马王三只眼，就怕人怀两条心。

不怕走得慢，就怕路上站。

不怕敌人拉，就怕自己滑。

不怕事情难办，就怕懦夫懒汉。

不怕坏嘴，就怕坏心。

不怕铁硬，最怕心不坚。

不怕别人瞧不起，只怕自己不争气。

不怕无能，只怕无恒。

不怕贼讲，就怕贼想。

不怕贼偷，就怕贼惦记着。

不怕事不成，就怕心不诚。

不怕嘴不稳，只怕无心遇有心。

不怕没好事，就怕没好人。

不怕千里远，只怕隔层板。

不怕人欺负，就怕不丈夫。

不怕做不成，只要贪上功。

不怕黑李逵，只怕笑刘备。

不怕人多心不齐，只要有人打大旗。

不怕没人理，只怕问官偏。

不怕红脸关公，就怕抿嘴菩萨。

不怕要账的横，就怕欠债的穷。

不怕正说，只怕倒问。

不怕三打骂，只怕一不理。

不怕风吹日头晒，最怕心中忧虑大。

不怕力少怕孤单，众人合伙金不换。

不怕不说理，光怕反过来比。

不怕穷，只怕没人逢。

不怕天寒地冻，就怕手脚不动。

不怕金刚，只怕你净光。

不怕不识货，就怕货比货。

不怕百战失利，就怕灰心丧气。

不怕读书难，就怕心不专。

步生不如步熟。

# C

才高气壮，力大压人。

才华如快刀，勤奋是磨石。

才子好当饥难忍。

财大折人，势大压人。

财大气粗，肉肥汤肥。

财不随意，事不随心。

财不露白，货不离身。

财不发无用之人。

财是英雄酒是胆。

财明义不疏。

财乃身之胆，酒者色之媒。

财从细起，积少成多；一日浪费，百日可观。

财可通神。

财主一桌菜，穷人十年粮。

财主说穷话，光棍说熊话。

财主银钱广，穷人主意多。

财散则民聚，财聚则民散。

财与命相连。

财去人安乐，财来自有方。

财多惹祸，树大招风。

彩云怕风吹，纸花怕雨淋。

菜刀不磨成死铁。

菜刀虽利不能削自己的柄。

菜无心必死，人无心必亡。

参谋的嘴，副官的腿。

残花没人戴，自骄没人爱。

草不遮鹰眼，气不遮人眼，水不遮鱼眼。

草屋年年盖，一代管一代。

草死苗活。

草若无心不发芽，人若无心

不发达。

草上露珠瓦上霜，风里点灯不久长。

草头方，治大病。

草幼不除，等于养痈。

草有根，人有心。

草里失针草里寻。

草掩大路人难找，用心人儿瞒不了。

草要无根随风倒，话要无凭瞎胡说。

草怕严霜霜怕日。

草里说话，路上有人听。

恻隐之心，人皆有之。

曾经沧海难为水，除却巫山不是云。

曾着卖糖君子哄，到今不信口甜人。

茶里不寻饭里寻。

茶坊酒馆议闲事。

茶烟不分宾主。

茶要人烧，水要人挑。

茶吃后来酽。

茶头酒尾饭中间。

茶酒饭肴匀着吃。

察实莫过邻里。

察言观色，见机而作。

差之毫厘，失之千里。

差一线，隔一山。

柴经不起百斧，人经不起百语。

柴多火焰高，人齐山也倒。

柴米夫妻，酒肉朋友。

柴米天作价。

蝉翼为重，千钧为轻。

铲地腰不弯，一定是懒汉。

铲草不除根，祸患一千年。

长江都有回头水，石头也有翻身日。

长江后浪推前浪，一代新人胜旧人。

长江一去无回浪，人老何曾再少年。

长木匠，短铁匠，石匠九尺算一丈。

长短是根棍，大小是个人。

长短家家有。

长安虽好，不是久恋之乡。

长长鸢线慢慢放。

长处不砸，短处不捏。

长胳膊拉不住短命的。

长鞭子不打转弯牛。

长城万里今犹在，不见当年秦始皇。

长病无孝子，慈母多败儿。

长棍抵不了短石头。

长痛不如短痛。

尝试总有益，多问不吃亏。

常客不请自来。

常动常寿，懒动常病。

常常晒太阳，身体健如钢。

常把一心行正道，自然天地不相亏。

常舍常有，富贵长久。

常当有日思无日，莫到无时想有时。

常将有时防没时，不叫没时想有时。

常病无孝子。

常在江边走，难保不湿鞋。

唱是天下朋友，打是天下对头。

唱不离口，打不离手。

唱不完的歌，说不尽的话。

唱的比说的好听。

唱戏不像，不如不唱。

唱戏的凭嗓子，钉鞋的凭掌子。

唱戏的是疯子，看戏的是傻子。

唱戏的是癫子，看戏的是盲子，出钱的是空子。

朝廷无空地，邻舍有闲人。

朝里有人好做官，店里有人好吃饭。

朝里无人莫做官，厨下无人莫乱钻。

朝中不能有奸臣，家中不能有病人。

朝中官多做不了，世上钱多用不尽。

朝中无人，不如归田。

朝中有一人，强似拾金银。

潮落船低，水涨船高。

吵架无好言，打人无好拳。

车不空驶，船不空舱。

车不加斗，担不加斤。

车前马后要当心。

车子走过，必有轮迹；狐狸走过，必有臊气。

车多碍路，船多碍江。

车多不害路，船多不害江。

车夫的腿，律师的嘴。

车头走得快，车皮跟得紧。

车无轮子路难行，依赖他人事难成。

车辙是路引。

车越吆越胆小，贼越做越胆大。

车到山前必有路，水到滩头自有沟。

车到无恶路，船到无恶江。

嗔拳不打笑面。

趁势踏沉船。

趁早动手拔芽，免得生根难拔。

趁火烧鸭子。

趁火箍漏锅。

趁火打劫。

趁热打铁。

城门起火，殃及池鱼。

城头上的草，风吹两面倒。

城隍讨城隍，一样木头装。

成事者不露，不成事者自夸。

成则为王，败则为寇。

成名每在贫困日，败事多在得意时。

成人成到底，送人送到家。

成人容易做人难。

成人者少，败人者多。

成天打雁，叫雁啄了眼珠子。

成物不毁。

成见不可有，定见不可无。

成家子粪如宝，败家子钱如草。

成家有如针挑土，败家犹如浪打沙。

成家容易养家难。

成事在天，谋事在人。

成事莫说，覆水难收。

成材之树，不用修剪。

成也萧何，败也萧何。

成神不比人，修行在个人。

成龙上天，成蛇钻草。

乘长风破万里浪。

乘火打铁，乘水和泥。

乘船走马三分险。

吃不上牛肉，光吹死牛皮。

吃三成酒，装七成疯。

吃纣王的水，就不说纣王无道。

吃过黄连苦，更觉蜜糖甜。

吃了煤炭，黑了良心。

吃要吃个有味，说要说个有理。

吃着盐和米，就得讲道理。

吃米不忘种谷人，穿衣莫忘织布人。

吃人心肝不觉痛。

吃人的嘴短，讹人的理短。

吃了一杯茶，误了一池麻。

吃了无钱饭，误了有钱的工。

吃了甜的，别忘苦的；得了新的，别忘旧的。

吃了扁担，横了肠子。

吃了饭，走百步，一辈子不用上药铺。

吃亏长见识。

吃亏只这一回。

吃亏吃到明处。

吃亏的常在，欠债的还钱。

吃亏者常在，能忍者自安。

吃亏不算傻，让人不算歹。

吃亏学伶俐。

吃不了，兜着走。

吃个馋嘴，坐个懒腿。

吃不尽的苦，学不尽的乖。

吃不穷，穿不穷，人无算计一世穷。

吃水莫忘打井人。

吃肉不如喝汤。

吃面多喝汤，免得开药方。

吃官粮不富，当皇差不穷。

吃要吃有味的，说要说有理的。

吃饭千口，主事一人。

吃饭要让，干活要抢。

吃饭吃个饱，做活做个了。

吃饭莫忘农人苦，穿衣莫忘

工人忙。

吃饭不知牛辛苦，穿衣不知纺线人。

吃得苦中苦，方为人上人。

吃饭先喝汤，饿煞卖药方。

吃饭防噎，走路防跌。

吃饭不拉呱，酒醉不骑马。

吃饭不要闹，吃饱不要跑。

吃饭还是家常饭，穿衣还是粗布衣，过夜还是结发妻。

吃饭减三口，饭后百步走。

吃药不忌嘴，跑断大夫腿。

吃药不投方，哪怕用船装？

吃饱无滋味。

吃苦在前最光荣，享福在后是英雄。

吃菜吃心儿，听话听音儿。

吃软不吃硬。

吃葱吃蒜不吃姜，休管他人瓦上霜。

吃顺不吃戗。

吃全杂粮不生病。

迟花慢发，大器晚成。

迟睡也是同时天亮。

迟来先上岸。

迟是疾，疾是迟。

迟莫丢，快莫收。

池里无鱼虾为大。

池中无水留不得鱼。

池水浅，鱼相伤。

池里无鱼，虾公为主；山中无虎，猴称小王。

池浅难养鱼。

尺差不起寸，寸差不起分。

尺璧非宝，寸阴是金。

尺水能兴百丈浪。

尺有所长，寸有所短。

齿痛方知齿痛人。

赤身而来，赤身而去。

仇难报，恩难谢。

仇报仇，冤报冤。

仇人路窄。

仇人面前满筛酒。

仇人见面，分外眼红。

仇人转弟兄，父子是一家。

愁也屋漏，勿愁屋也漏。

丑婆娘好搽粉。

丑病不背大夫。

丑极笼里鸡，好极外头人。

丑话说到头里。

丑事出富家，孝子出寒门。

丑煞是个人，碱煞是亩地。

丑煞有个朋友，俊煞有个冤家。

丑人就有丑人爱，烂锅就有烂锅盖。

丑妻家中宝，生男养女就是好。

丑媳妇怕三打扮。

丑媳妇也要见婆婆。

丑媳妇巧舌头，句句话儿有来头。

丑媳妇也生好女，瞎马也下好骡驹。

丑媳妇，家中宝；美媳妇，多烦恼。

臭味相投。

臭棋肚里有仙着。

臭嘴不臭心。

臭鸭蛋，自家赞。

臭偷人勿如香嫁人。

臭鱼烂虾，巷子是家。

出门不问风浪事，怎能打得大鱼回？

出门看天色，炒菜看火色。

出门靠嘴，种田靠水。

出水船儿先烂底。

出手见高低。

出头的椽子先烂。

出头的船洗漏水。

出价是买主。

出去三十六，还来十八双。

出在你口，入在人耳。

出外由外，在家由家。

出外没有六月天，衣着自己要注意。

出外做客，不要露白。

出处没有聚处多。

出门一里，不如家里。

出门十里改规矩。

出门三分低。

出门三步远，又是一层天。

出门三里地，就是他乡人。

出门不叫哥，定要多走路。

出门只说三分话。

出门看天色，入门看脸色。

出门千条路。

出门不露白，露白会丢财。

出门让三子：老子，小子，女子。

出有门，进有门，取借无门。

初浆的衣裳不用捶，美满的姻缘不用媒。

初学三年，天下去得；再学三年，寸步难行。

初出日头暴出世。

初来乍到，摸不到锅灶。

除害务除根，除虫务除尽。

除去灵山别有庙。

除了读书以外，艺无百日之功。

除了名山别有庙。

除了亲家无大客。

雏凤清于老凤声。

储积点滴水，可以汇成江。

处世两如何，待人三自问。

处世莫烦恼，烦恼容易老。

处世让一步为高，待人宽一分是福。

处处留心皆学问。

处处留心皆新闻，问遍千家事必明。

处处有路到长安。

处处乌鸦一般黑。

处处黄土好埋人。

处处鸭子是扁嘴。

处山不嫌坡陡。

穿袜不知脚下暖，脱袜方知脚下寒。

穿着破鞋不觉刺脚。

穿不穷，吃不穷，计算不到一世穷。

穿针要个引线人。

穿破才是衣，到老才是妻。

穿衣戴帽，各人所好。

穿衣照门面，吃食看来方。

穿衣看门坊。

船高不怕劈头浪，舵正不怕航道弯。

船载千斤，掌舵一人。

船上千斤，掌舵一人。

船靠舵，箭靠弓，驱散乌云靠东风。

船到湾头自有路。

船的力量在帆上，人的力量在心上。

船家孩子会浮水。

船上人向岸上人讨水吃。

船不漏针，店不漏货。

船头不遇，转角相逢。

船头相骂，船尾讲话。

船到桥头自然直。

船到岸，不要乱。

船到滩头水路开。

船到江心补漏迟。

船到江心抛锚迟，悬崖勒马不为晚。

船开河心不可收。

船守舵，客守货。

船倾众人踏。

船行最怕顶头风。

船在水里走，车在路上行。

船帮水，水帮船。

船烂不可被水入，家丑不可向外传。

船有船帮，客有客帮。

船有千条缝，赚钱不够用。

船家不打过河钱。

船家顶怕打头风。

传言过话，自讨挨骂。

传音千里莫如书。

传家处世皆宜忍，教子千方莫若勤。

传来之言不可听。

传名于不朽，在事业，不在子孙。

疮怕有名，病怕没名。

疮大疱小，出头就好。

疮要刀割，病要药治。

床上做懒惰汉，眉毛里藏臭虫。

床下是君子，床上是夫妻。

床头黄金尽，壮士无颜色。

床头藏有千万贯，不如一日进一文。

床头搁不住冷烧饼。

床头拾钱，不用下腰。

床头一仓谷，死了有人哭。

床前教子，枕边教妻。

创亦难，守亦难。

创业容易守业难。

吹糠见米，开门见山。

吹啥风，落啥雨。

吹也是气，出也是气。

捶人一拳，半夜无眠。

锤打皮上青，针刺刺透心。

春暖花开，瑞雪丰年。

春天的牡丹不如冬天的松柏。

春天粪满缸，秋天谷满仓。

春天种下秋天收，平时积下急时用。

春前有雨花开早，秋后无霜叶落迟。

春风满面皆朋友，急难之时无一人。

春蚕做茧自缚。

春蚕到死丝方尽，蜡炬成灰泪始干。

春要暖，秋要冻，一年四季不害病。

春狗秋猫，性命难逃。

春官好做，秋官难当。

春困秋乏夏打盹。

春暖秋冻，到老不生病。

春风着人不着火。

春暖百花香，睡煞懒婆娘。

唇是软的，话是转的。

唇亡而齿寒；河水崩，其坏在山。

纯钢折不弯，真理驳不倒。

慈不掌兵，义不掌财。

慈悲为本，方便为门。

慈悲太过当作恶。

慈母手中线，游子身上衣。

此处不留人，还有留人处。

此处无缘，他乡再化。

此地无银三百两。

此地无朱砂，红土也为贵。

聪明反被聪明误。

聪明齐颈，要人提醒。

聪明用于正路，愈聪明愈好；聪明用于邪路，愈聪明愈糟。

聪明乃是苦工夫。

聪明不在于相貌，而在于头脑。

聪明在耳目，富贵在手脚。

聪明靠学习，天才靠积累。

聪明不学失败，拙性苦练成功。

聪明人用工作说话，大傻瓜用舌头吹牛。

聪明人用口说话，凶狠人用嘴撞人。

聪明人办事先想困难后想成功。

聪明人也会犯错误，蛤蟆也会被泥陷住。

聪明人一言，快马只一鞭。

聪明人，好说话；糊涂人，好打架。

聪明人说不出糊涂话，糊涂事多是聪明人做的。

聪明人自有主张，傻瓜常跟风头跑。

聪明人用口说话，凶狠人用角撞人。

聪明一世，糊涂一时。

葱辣鼻子蒜辣心，胡椒辣嘴唇。

从果看树，从事看人。

从黄蜂身上取不到蜜，从坏人那儿得不到便宜。

从小一看，到老一半。

从小偷针，长大偷金。

从小无志，到老无倚。

从小看大，七岁到老。

从小的儿女，不如半路的夫妻。

从小得子甜似蜜，老来殇子苦黄连。

从小看秧，到老看桩。

从来不说白，说起白来就了不得。

从来一字值千金，何能一刻不留心？

从来好事须多磨。

从来为富难为仁，自古尽忠难尽孝。

从来英雄出少年。

从前多少事，过去一场空。

从苦中得甘。

从古英豪成大器，须知半向苦中来。

从容干好事。

从俭入奢易，从奢入俭难。

凑针打斧，积羽成裘。

粗细粮食宝中宝，离了粮食活不了。

粗暴非勇。

粗衣淡饭就是福。

粗茶淡饭，细水长流。

粗茶淡饭就是富。

醋从哪里酸，酱从哪里咸。

撺人上屋，下底拔梯。

催阵鼓，救命锣。

催工莫催食。

催工不催饭，催到田里也是站。

村中无鬼邪难入。

村中无虎狗为王。

村无大树，蓬蒿为林。

寸权必夺，寸利必得。

寸土寸金，地是老根。

寸土必争。

寸阴自惜。

寸金失了有寻处，失却光阴无处寻。

寸金难买寸光阴。

寸金不换良知，万银不比贞德。

撮药三年会行医。

撮事鬼，两头拨，撮起事来站两边。

矬老婆高嗓子，薄地高岗子。

错进不错出。

错有错着。

错一遍，精一遍。

错过银钱犹之可，错过光阴无处寻。

错走道回得来，错行事回不来。

# D

打石看石纹，医病看病根。

打肿了脸充胖子。

打锣卖糖，各有各行。

打虎先敲牙，拆屋先拆梁。

打拳练身，打坐养性。

打下江山杀韩信。

打败的鹌鹑斗败的鸡。

打窗子叫门看。

打了三场官司，当得半个律师。

打了骡子马也惊。

打了不罚，罚了不打。

打了牙，肚里咽。

打人莫打脸，说话莫揭短。

打人莫打痛处，说人莫说重处。

打人要忍，打蛇要狠。

打人二日忧，骂人三日羞。

打人无好拳，骂人无好言。

打人不打脸，吃饭不夺碗。

打人一拳，必防备别人一脚。

打算打算，先苦后甜。

打蛇不死终是害。

打的雷大，落的雨小。

打仗要靠枪杆子，做庄稼离不了锄把子。

打虎亲兄弟，上阵父子兵。

打是疼，骂是爱，不打不骂上了怪。

打掉牙齿往肚里咽。

打起来无好手，骂起来无

好口。

打墙怕坏头一板。

打酒只问提壶人。

打草的人伴不起放驴的。

打草惊蛇，反为不美。

打鸟望空，耽误日工。

打鸟要打出头鸟。

打在水里，落在泥里。

打铁看成色。

打铁趁热。

打铁不惜炭，养儿不惜饭。

打铁要靠本身硬。

打铁趁红，做事趁雄。

打铁换糖，各做一行。

打不干的井水，使不完的力气。

打猎的不怕野兽，抓鬼的不怕神仙。

打锅搭灶的人，哪有手不染黑的；出门单干的人，哪有不遇困难的？

打开窗子说亮话。

打断筋，打不断心。

打鼓要打鼓当中。

打出刀来看钢口。

打生不如恋熟。

打疼的皮揭不下来。

打是疼，骂是爱，恼了性子拿脚踹。

打斋公，看佛面。

打架不能劝一边，看人不能看一面。

打莫打人痛处，骂莫骂人羞处。

大佛三百六，各有成佛路。

大海不会嫌水多，聪明人不会嫌学识多。

大海汪洋有边际，强盗欲望无止境。

大海永不浑浊，泥塘终于干涸。

大堂不生五谷。

大德不酬。

大欺小，不公道；小帮大，呱呱叫。

大笔有大为，大人干大事。

大笔写大字，大人办大事。

大肚光头颅，痴人有傻福。

大不毁小。

大斗进，小斗出；天称笑，地称哭。

大不可小算，粗不可细算。

大病要养，小病要抗。

大匠手里无弃材。

大将手下无弱兵。

大将出马，一个顶俩。

大夫守的病婆娘，木匠住的棍棍房。

大夫门前病人多。

大将军八面威风。

大将必有大量。

大王好见，小鬼难见。

大王灵，小鬼光。

大事化小，小事化了。

大话莫夸早了，婆娘莫讨老了，豆腐莫打老了。

大话怕算数。

大小人会做。

大小是个人，长短是个棍。

大小不集结，只怕无份。

大鸡不食细米。

大种鸡，叫得迟。

大猫头，老鼠尾。

大猫出来二猫赶，三猫出来白瞪眼。

大狗爬墙，小狗看样。

大蝈食细蝈，蛤蟆食老蟹。

大漏漏不长，细漏漏干塘。

大漏不如小渗。

大眼雕儿望青天。

大坛子倒油，鸡肠里刮膏。

大罐子泼油，蚊子屁股上挖脂。

大斗进，小斗出；进出一斗，养得一口。

大脚一抡，骡马成群。

大脚一量，骡马成行；小脚一扭，籽粒没有。

大脚爱小鞋，两头扯不来。

大年三十夜卖门神，再迟无可迟。

大虫吃小虫，小虫喝西风。

大虫欺小虫，蚱蜢欺蝗虫。

大吃无小肚，坐吃山也崩。

大吃大喝眼前香，细水长流度灾荒。

大吃如小赌，勤俭能兴家。

大吃大喝，当屋卖锅。

大吃大喝顾眼前，省吃俭用度荒年。

大吃胜过小赌。

大石桥易过，独木桥难行。

大石头也要小石头垫。

大石压死蟹。

大石沉海，一落千丈。

大锅里有了，小锅里也有了。

大鱼吃小鱼，小鱼吃虾米，虾米吃污泥。

大鱼欺虾，虾欺泥巴。

大鱼跑了捞虾米。

大拐食细拐，虾蟆食老蟹。

大水漫不过鸭子。

大水没来先挡坝。

大江大海过多少，小河沟里把船翻。

大河里有水，小河里有鱼；肉肥汤也肥。

大河里有，小河里宽；大河里没有，小河里干。

大河无水小河干，大河有水小河宽。

大河没水小渠干，人多事情总好办。

大海无风三尺浪。

大海不会嫌水多。

大船破了还有三担钉。

大船还怕钉眼漏。

大船沉没，原因小孔。

大船虽破，千钉尚存。

大人嘴里言，细人嘴里传。

大人求官禄，小人求衣食。

大人说话得自在。

大人不计小人过，宰相肚里能撑船。

大人做大事，大笔写大字。

大人不见小人之怪。

大人口里无乱话，江水从来不逆流。

大丈夫肚里能围过三套子车，小人肚里走不过一个蚂蚁。

大丈夫难保妻不贤子不孝。

大丈夫能屈能伸。

大丈夫一言既出，驷马

难追。

大丈夫要权，小丈夫要钱。

大丈夫身贫志不贫。

大丈夫起家不易，真君子立志何难。

大丈夫能折能弯。

大丈夫报仇，十年不晚。

大家驴儿大家骑。

大家团结力量大，天上下刀也不怕。

大家团结起，扛得天起。

大家一条心，石山变灰尘。

大家的事，大家办；大家的田，大家盘。

大家一条心，黄土变成金；大家心不齐，黄金变成泥。

大家饭，厨子办；小家饭，自己办。

大家女子不知锅滚。

大家一条心，力量强万分。

大家捧柴火焰高。

大家明枪交战，不要暗箭伤人。

大风吹不倒秋草。

大树大阴凉，小树小结果。

大树底下乘阴凉，快活一时是一时。

大树大阴凉，小树自裹缠。

大树大剥皮，细树细剥皮。

大树若正不怕龙尾风。

大树好遮阴。

大树有枯枝。

大树根连根，穷人心连心。

大树一倒，猢狲乱跑。

大树成材不怕风，十根细线拧成绳。

大树脚下好游荡，父母脚下好为人。

大懒推小懒，伙计推老板。

大豆田里生大豆，赤豆田里生赤豆。

呆人有呆福。

呆子帮忙，越帮越忙。

呆懒了，吃馋了。

歹人多怒气。

歹地十年有一收，好地十年有一丢。

歹竹出好笋。

待到云开月自明。

待你父母十二两，儿孙还你整一斤。

待人须当量大。

待人不得大气，过日子不得不仔细。

待人要丰，自奉要薄；责己要厚，责人要薄。

担迟不担错。

担柴卖，买柴烧。

担名不担利。

担米十八年，九十九担到窗前。

担不得一句好话，见不得一点好脸。

单干走的独木桥，风吹雨打两头摇。

单弦不成音，独木不成林。

单桨摇船难过江，单干日子难久长。

单膀鱼儿难浮水。

单枝易断，多枝难断。

单条树木能成材，独草顶石难转身。

单麻不成线，双丝搓条绳。

单筷难夹菜，独木桥难行。

单脚独手难做事，互助干活事不难。

单麦不成面，人多智谋全。

单丝不能搓成线，一人难撑两只船。

单丝不成线，互助吃饱饭。

单身汉，一把谷，娶得亲来做不得屋。

单身汉子好似仙，四两猪肉把油煎。

单方治大病。

单方五味，气煞名医。

单人独马，有金难拿。

单人不成阵，独木不成林。

耽得十日晴，耽不得十日阴。

耽误一天，耽误一年。

胆要大，心要细，耳要灵，手要快。

胆小没有将军做，有钱能使鬼推磨。

胆小福也小，不是骑驴就

是跑。

胆欲大而心欲细，志欲圆而行欲方。

胆怯离你越近，胜利离你越远。

胆大不能包天。

胆大过了肚，肚大气自粗。

胆大骑龙骑虎，胆小骑抱鸡母。

胆大漂洋过海，胆小寸步难行。

胆大心细有作为。

胆大的降龙伏虎，胆小的伏孵母鸡。

胆大的吓唬胆小的。

胆大天下去得，胆小寸步难移。

胆量小的人，疑心总是大的。

胆小疑心大。

但有路可上，天高人也行。

但能依本分，终身无烦恼。

但凭天理，不信地理。

但用功夫深，铁杵磨成针。

但求心宽，何须升官。

但到回头便是岸。

但将冷眼观螃蟹，看你横行到几时。

但得五湖明月在，春来依旧百花香。

但存方寸地，留与子孙耕。

但行好事，莫问前程。

但知行好事，莫要问前程。

但知其一，未知其二。

但取眼前花，不怕后来钉铁枷。

但要操心，不要熬心。

当大的不正，当小的不敬。

当一天和尚撞一天钟，嘴里哼的大藏经。

当了和尚头就热。

当中无人事不成。

当今世界目光浅，只重衣裳不重人。

当方土地当方灵。

当庄不收当庄穷。

当用则万金不惜，不当用一文不费。

当场不让步。

当官莫让父，举手不知情。

当面说话面带笑，背后怀揣杀人刀。

当面不羞是君子。

当面锣，对面鼓。

当面银子对面钱。

当面喊哥哥，腰里掏家伙。

当面说话无是非。

当家才知盐米贵，处世方识世情艰。

当家才知盐米贵，养子方知父母恩。

当家人置当家货，浪荡人只讲吃喝。

当家会算账，生活过得旺。

当家无打算，吃苦在眼前。

当着真人，别说假话。

当着矮人，别说短话。

当真不当假，瞒上不瞒下。

当取不取，过后莫悔。

当亲不言友，打牛马也惊。

当断不断，必受其乱。

当顺从的地方，应知道忍耐；当反抗的地方，应知道自卫。

当局者迷，旁观者清。

当天事，当天完，莫要等到明后天。

当天和尚撞天钟，和尚死了庙子空。

当省莫瞎用，当用莫瞎省。

当做不做，豆腐做醋。

当冷不冷，人畜不稳。

当日荔枝，背日龙眼。

当将有日思无日，莫到无时想有时。

当庄无贼贼不来。

当权若不行方便，念尽弥陀总是空。

当盐不咸，当醋不酸。

当鳖只当鳖，各人自扫门前雪。

挡住千人手，捂不住百人口。

刀不磨不利，人不磨不精。

刀不磨，要生锈；水不流，要发臭。

刀越磨越利，心越用越灵。

刀快还要加钢，马壮还要料强。

刀快不怕脖子粗，牛大自有破牛法。

刀利靠有钢，教学靠有方。

刀钝石头磨，人笨要多学。

刀儿不磨要生锈，人不学习要落后。

刀儿越使越亮，知识越学越多。

刀无双头利，人无两个身。

刀斧不开刃，费煞能人劲。

刀斧虽利，不加无罪之人。

刀伤药虽好，不割的为妙。

刀伤易治，口伤难医。

刀子要快多加钢，知识要深功夫长。

刀要磨出锋，人要使出力。

刀口药再好，不如不拉口。

刀是使棱，人是使信用。

刀在石上磨，人在世上磨。

刀切豆腐两面刀。

刀快伤不到自己的把。

倒墙不倒基。

倒霉事偏跟背时人。

倒驴不倒架。

倒大脚，三分俏。

倒运的医生看病头，得时的医生看病尾。

倒了城墙，矮了县份。

倒了桃树倒李树。

到哪山，砍哪柴；到哪河，脱哪鞋。

到哪个山唱哪个山歌。

道不同不相为谋。

道在人为，时到当为。

道道有门，门门有神。

道德仁义，无礼不成。

道理讲得通，口服心也通。

道高一尺，魔高一丈。

道高龙虎伏，德重鬼神钦。

道路不平，自有旁人铲削。

道路依然还照旧，时光更改不似先。

道我过者是我师，道我好者是我贼。

道士要钱，背脊朝天。

道士出了门，不管鬼打死人。

盗贼出于赌博。

盗窃起于贫穷。

德备才全人共仰，损人利己人不容。

德修而谤兴，道高而毁来。

德胜才为君子，才胜德为小人。

得鱼忘筌，得兔忘蹄。

得病容易，治病难。

得失一朝，荣辱千载。

得势的猫儿雄似虎，失势的凤凰不如鸡。

得忍且忍，得耐且耐；不忍不耐，好事变坏。

得志一条龙，失志一条虫。

得势休笑失势人。

得便宜处失便宜。

得着好处便安身。

得宠思辱，居安虑危。

得放手时须放手，得饶人处且饶人。

得人恩义千年记。

得了便宜药，烧坏夹底锅。

得师不得传，学会也枉然。

得利不可再往。

得理不让人。

得理说是非。

得不足喜，失不足忧。

得失为邻。

得着毛驴当马骑。

得之不为喜，失之不为忧。

得之有本，失之无本。

得病想亲人。

得人一牛，还人一马。

得人滴水恩，须当涌泉相报。

得人钱财，与人消灾。

得意客来情不厌，知心人到话相投。

得意忘言，无所不谈。

灯不明，有人拨；事不平，有人说。

灯不明，只用一拨；事不清，只用一说。

灯不拨不明，理不辩不清。

灯火没油点不光，家里没钱

家难当。

灯台不自照。

灯台无油点不光，世上无钱难为人。

灯光虽好，不如红日当空。

灯光里说话，暗里有人听。

灯要亮，火要旺。

灯要灭，还亮一亮；人要死，还旺一旺。

灯里无油盏盏灭，手里无钱难为人。

灯盏无油枉费心。

灯草打人虽不痛，惹得旁人心里恨。

灯常拨才亮，刀常磨才快。

登门请客意才真。

登上高山观虎斗，坐在桥头看水流。

登泰山而小天下。

登山耐险路，踏雪耐危桥。

登高不呼，登城不指。

登高望远。

登天难，求人更难。

等人易老，等船难到。

等人易久，嫌人易丑。

等人心焦。

等人帮忙，越帮越忙。

等得上梁喊救火，错过黄梅勿种田。

低头割肉，抬头望人。

低头是见识。

低头是水，回头是岸，及时拨转救得一半。

低棋肚里有仙着。

低眉失额。

低借高还，再借不难。

滴水渐积成沧海，拳石频移作泰山。

滴水成河，粒米成箩。

滴水尚可穿石，愚公志能移山。

点石成金，心犹不足。

点塔七层，不如暗处一灯。

点蜡烛不知油价。

踮着脚尖站不长。

刁巧伶俐奸，不胜忠厚老实憨。

刁鹰飞入鸡儿场，永远没有

好心肠。

刁风不可长。

貂不足，狗尾续。

貂惜皮毛象护牙。

吊儿郎当，挡不住吃香；埋头苦干，挡不住难看。

吊大的毛瓜，哭大的娃娃。

吊肉跌死猫。

钓鱼有三得：跑得，等得，饿得。

钓多不如钓少，钓少不如钓到。

钓鱼不在急水滩。

钓鱼要忍，拿鱼要狠。

爹死娘嫁人，各人顾各人。

爹养儿小，儿养爹老。

爹有娘有，不如怀揣自有。

爹娘养身，自己长心。

跌得倒，爬得起。

跌倒地上捞一把泥。

跌倒巴不得坐一坐。

跌倒了自己爬起，望人搀扶总不济。

丁头木屑，样样有用。

钉是钉，铆是铆。

丢马才上炮，贼走关大门。

丢了青竹竿，忘了叫街时。

丢了银钱有处找，死了孩子哪里寻？

丢下屠刀念菩萨。

丢财惹气。

东方不亮西方亮，黑了南方有北方。

东北有三宝：人参、貂皮、乌拉草。

东西不可乱吃，闲话不要乱讲。

东西路，南北拐儿，人人都有偏心眼儿。

东西虽小，各人的心意。

东西是死的，人可是活的。

东西越用越少，学问越学越多。

东西要吃暖，衣服要穿宽。

东方不亮西方亮，去了日头有月亮。

东方不亮西方亮，哪有四方黑沉沉？

东山老虎吃人，西山老虎也吃人。

东山看着西山高，看着容易做着难。

东家长，西家短，三个耗子四只眼，缺腿蛤蟆跳得远。

东家万石仓，佃户无口粮。

东头不着西头着。

东说东倒，西说西流。

东西越给别人越少，学问越给别人越多。

懂得医术的是医生，不懂医术的是屠夫。

冻天冷不着下力人，挨饿饿不着勤劳人。

冻天冻地，参星落地。

冻死不烤灯头火，饿死不吃猫丢食。

冻死迎风站，饿死不弯腰。

冻死闲人，饿死馋人；不想出汗，休想吃饭。

冻断麦根，牵断磨绳。

动针要线，动工要钱。

洞庭湖里的麻雀是经过风浪的。

洞里的蛇，不知道长短。

斗扣斗，九升九。

斗大蜡烛难照后。

斗大个荸荠，还有些土气。

斗要量，秤要校。

斗米喂斤鸡，斤鸡难卖一斗米。

斗米望天干，天干自遭殃。

豆腐多了一包水，空话多了无人听。

豆腐身子，铁钳嘴。

豆腐嘴，刀子心，口善心恶。

豆腐心肠，越煮越硬；铁打心肠，见火就软。

豆腐和白菜，各人心里爱。

豆腐好吃豆难磨。

豆腐爱厚，脸皮爱薄。

豆腐无油难脱锅。

豆芽长一房高，也是菜货。

斗智不斗勇。

斗争中见勇敢，愤怒时见英才，患难中见朋友。

斗官不斗吏。

独弦不成音，独木不成林。

独龙难斗地头蛇。

独根铁丝容易断，拧成的绳子拉不烂。

独打鼓，独划船。

独行不愧形，独寝不愧衾。

独望穷山，引虎自冲。

独脚独手独根草，风霜雨雪抵不了。

独鸡肥，独鸭瘦。

独军不作战，光杆司令跳不起舞。

独虎不敌群狼。

独花不成春。

独树不挡风，独柴难烧红。

独门独户，养不活老鼠；三家一凑，买犋大牛。

独店不成市，独木不成林。

独子成龙，独女成凤。

独个人就是浑身是铁，也打不了几根钉。

独木不能盖房，块砖不能砌墙。

独柴难烧，独子难教。

读不尽世间书，走不尽天下路。

读不尽的书，知不完的理。

读得书多无价宝。

读会唐诗三百首，不会作诗也会吟。

读未见书，如得良友；读已见书，如逢故人。

读一书，长一智。

读好书，说好话，做好人，行好事。

读不尽的书，做不尽的事。

读不尽的书，走不尽的路。

读书之贵在解疑。

读书不知意，等于嚼树皮。

读书须有三到：眼到、口到、心到。

读书医俗，独卧医淫。

读书不懂意，等于嚼洋蜡。

读书需用心，一字值千金。

读书破万卷，下笔如有神。

读书不离口，写字不离手。

读书全靠自用功，先生不过

领路人。

读书百卷，不如万里行程。

读万卷书，走万里路。

毒手不打笑脸人。

毒人的莫吃，犯法的莫做。

毒箭只伤一人，恶言可伤千人。

毒病毒药医。

毒蛇在手，壮士断腕。

毒蛇易躲，暗箭难防。

毒蛇总要出洞口，毒草总要露出头。

毒蛇见缝就钻洞，敌人见私就利用。

毒蛇不在粗细，坏人不分远近。

毒蛇不会因为有毒而死亡。

毒蛇过，草木枯；财主过，穷人苦。

毒蛇到处皆是，坏人处处都有。

赌气伤财，呕气伤肝。

赌徒回头金不换。

赌里无君子。

赌自己钱，众人骂；读自己书，众人惜。

赌者贼之源。

赌近盗来奸近杀，知机君子远离开。

赌近盗，奸近杀。

赌博赌博，越赌越薄。

赌钱的怕一二三，种田的怕四五六。

赌钱场上无父子。

赌钱看戏，过后无意；赌钱嫖院，过后不愿。

赌钱不煞短，算你武艺浅。

赌钱真好戏，越赌越着气。

赌博钱，一蓬烟；生意钱，六十年；种田钱，万万年。

赌博钱，顺水船。

赌博场中无好人。

赌博场里出贼情，花柳巷里出人命。

赌博丧良。

赌博账，捶头撞；撞不过，脱衣裳。

肚内能放一座山，才算英

雄汉。

肚子饱了眼饿。

肚子不是袋子，不能吃下去存起来。

肚饥记着年下饭，口渴记着隔夜茶。

肚饥不洗澡，肚饱不剃头。

肚饥莫与饱人言。

肚饥不食猫前饭，身寒不炙佛前灯。

肚痛肚知，心痛心知。

肚中有文化，走遍天下也不怕。

肚大不能吃多饭，命长才能吃多饭。

肚内无食无人知，衣服褴褛被人欺。

肚中有事肚中惊，肚中无事心跳轻。

渡船渡到岸，帮人帮到底。

蠹众木折，隙大墙坏。

妒财莫妒食，怨生不怨死。

端起金边碗，别忘讨饭棍。

断肠笛子送命箫。

断弦犹可续，心去最难留。

断线风筝飞不远。

对敌人的宽容，就是对自己的残忍。

对敌人要狠，对朋友要尊。

对面看人心不透。

对面与语，心隔千里。

对牛弹琴，牛耳不闻。

对牛弹琴，对狗吹箫。

对症下药，药到病除。

对于恶人善不得。

对着和尚骂秃子。

对着先生就讲书，对着屠夫便讲猪。

对人只说三分话。

蹲在炉旁少夸口，要到场上显身手。

钝刀杀人。

多大的树，遮多大的荫。

多学多知，少学少知，不学不知。

多好的草地也有瘦马。

多一个铃铛多一声响，多一支蜡烛多一分亮。

多行不义必自毙。

多下及时雨，少放马后炮。

多问不吃亏。

多读书心中有本，勤写作笔下生花。

多从一家师，多懂一家艺。

多看出苗头，多问出来由。

多一事不如少一事。

多磕头，少说话。

多事不如少事，少事不如无事。

多看事实，少听虚言。

多情伤离别。

多层纱纸隔层风。

多愁多病，越愁越病。

多叫之猫捕鼠少。

多交朋友，少结冤仇。

多思多虑，无害有益。

多说话，多是非；少说话，少祸根。

多功多怨。

多唤一句哥，少上十里坡。

多磕一个头，少说一句话。

多心乱肺。

多少少年人，不到白头死。

多钱多贾。

多旅行的人，最熟悉旅途的情况；多学习的人，最熟悉时务的情况。

多一分不要，少一分不让。

多子多女多冤牵，少子少女成神仙。

多留点病，强似送了命。

多少私情笑里来。

多艺多思艺不精，专精一艺可成名。

多艺多穷，务艺成龙。

多年大路变成河，多年媳妇变成婆。

多言不如少言，少言不如无言。

多言招怨少言痴。

多衣多寒，少衣少暖。

多见山林，少见人伦。

多吃味不美，多话不值钱。

多做强似多说。

多赚不如少用，多寻不如省用。

# E

阿谀人人喜，直言人人嫌。

阿谀没有牙齿，能把骨头啃掉。

鳄鱼流了泪，并非是求怜。

恶龙单怕地头蛇。

恶莫大于无耻。

恶事传千里。

恶人自有恶人收，恶鸡还有野猫偷。

恶狗怕揍，恶人怕斗。

恶人有恶报，善人人知道。

恶人只有恶人降，降得恶人没处藏。

恶人自有恶人磨，恶猪会碰恶狗婆。

恶人心，海底针。

恶人先告状。

恶有恶报，善有善报；如果不报，时辰不到。

恶人难行善事。

恶鬼怕蛮人。

饿勿急食，食勿过多；渴勿急饮，饮勿过多。

饿吃牛角都觉嫩，饱吃羊羔都觉硬。

饿肚难等早稻黄。

饿勿煞个伤寒，胀勿煞个痢疾。

饿八月，死腊月。

饿虎扑食，旱地拨葱。

饿食糟糠甜如蜜，饱食烹宰也不香。

饿了糠也甜，饱了蜜也嫌。

饿时甜如蜜，饱时蜜不甜。

饿不死的僧，冻不死的葱。

饿不死的僧，旱不死的葱。

饿死卖姜的，饿不死卖蒜的。

饿死饿活，不能给地主做活。

恩爱夫妻不到头。

恩人转夫妇，仇人转兄弟。

恩仇不报非豪杰，黑白分明是丈夫。

儿女情长，英雄气短。

儿孙自有儿孙福，莫为儿孙做马牛。

儿孙心上彰，天道暗中灯。

儿孙若然胜于我，无须要我用机谋；儿孙倘若不如我，巨万家私也自丢。

儿孙胜似我，要那银子该如何？儿孙不胜我，要那银子又如何？

儿多母受苦，田多养闲人。

儿不嫌母丑，狗不嫌家贫。

儿出千里母挂心，母出千里儿忘恩。

儿行千里母担忧，母行千里儿不愁。

儿多母苦。

儿多不胜儿少，儿少不胜儿好。

儿的生日，母的难日。

儿大不由爷，女大不由娘。

儿子是自己的好，文章是别人的高。

儿子做官归，不如丈夫讨饭归。

儿大分家，树大分桠。

耳听是虚，眼见是实。

耳朵不硬，行事不正。

耳听八面，眼见一方。

耳闻不如眼见，能说不如能行。

耳闻不如目睹。

耳闻千遍，不如手过一遍。

耳、目、口为三盗；精、气、神为三宝。

耳软心活。

耳枯一年，鼻黑七天。

耳有一双，话只一句。

耳不听不烦，眼不见为净。

二十要当家，八十要管事。

二人同心，其利断金。

二人一心，有钱买金；二人二心，无钱买针。

二人抬不过理字去。

二龙相斗，鱼鳖虾蟹受伤。

二虎相争，必有一伤。

二脚站得牢，不怕大风摇。

二两黄金四两福，三分美色七分装。

二面刀：伏地虎，笑脸虎。

# F

发一回水，澄一层泥；经一回事，增一层智。

发什么声，得什么音。

罚一儆百。

法与时变，礼与俗化。

法不惩无罪之人。

翻手为云，覆手为雨。

翻过来葫芦，倒过来瓢。

翻身不忘本，喝水不忘挖井人。

翻船折桅一时穷，讨坏老婆一世穷。

翻拙弄巧，袍子倒个大夹袄。

帆使八面风。

番茄不剥皮，有时记无时。

凡事留一线，日后好相见。

凡事留人情，日后好相逢。

凡事都要肯等，久等必有一善。

凡事从实，积福自厚。

凡事非财难着手，一朝无粮不驻兵。

凡事只要耐，得烦不怕难。

凡事要斟酌，相迟不担错。

凡事要好，须问三老。

凡事只有大意过，没有小心过。

凡事预则立，不预则败。

凡事依人劝。

凡人不可貌相，海水不可斗量。

凡人情以同相妒。

凡人十不足。

凡人贵自立，不借他人负。

凡与人言，词气从容。

烦恼不寻人，人自寻烦恼。

繁枝茂叶参天树，自有根在土中埋。

反贴门神不对脸。

反复无常是小人。

反躬自问，休怪他人。

反噬一口，入骨三分。

反说反有理，正说正有理。

泛交两平世人，密友不分你我。

饭要一口一口地吃，路要一步一步地走。

饭饱不洗澡，酒醉不剃头。

饭送给饥人，话说给知人。

饭前洗洗手，身体健如牛。

饭前一碗汤，不用进药房。

饭后烟，年晚钱。

饭后躺一躺，不长半斤长四两。

饭后走百步，永不进药铺。

饭后百步走，睡觉不蒙首，每饭少三口，能活九十九。

饭后不动，定要生病。

饭胀脓包客，酒醉聪明人。

饭为根本肉为表。

饭熟米汤生，其中有原因。

饭不熟，气不匀。

饭不是一顿吃完的，活不是一天干完的。

饭莫不嚼便吞，话莫不想就说。

犯色伤寒犹易治，伤寒犯色最难医。

犯法不做，犯病不吃。

犯法不自由。

犯法心无主。

犯错误不危险，不接受批评很危险。

方话不入圆耳朵。

方以类聚，物以群分。

方石不可以为磨，直木不可以为轮。

方是真方，药是假药。

房小不稳，人怕忘本。

房里无人莫烘火，烘火犹恐埋头睡。

房屋不扫灰尘满，大路不走变荒山。

房上的冬瓜两边滚。

房子要墙，儿子要娘。

防病无别窍，卫生要搞好。

防人之心不可无，欺人之心不可有。

防欲如挽逆水之舟，行善如援无枝之树。

防君子不防小人。

防贼长三更，贼偷只一更。

防贼胜于治贼。

放牛小鬼望插田，烧锅丫头望过年。

放任小错，造成大错。

放账如同账劫走，取账如同打劫归。

放起灯芯火，能烧万重山。

放水容易收水难。

放火容易救火难。

放虎容易捉虎难。

放得千日货，自有赚钱时。

放下屠刀，立地成佛。

放虎归山，自找麻烦。

放光的不都是金子。

飞鸟爱护自己的翎毛。

飞来燕子独脚伙，本地麻雀帮手多。

飞蛾虽死灯下，是为了追求光明。

飞蛾扑火自焚身。

飞龙难斗地头蛇。

飞的都是好鹌鹑，漏网的都是大鲤鱼。

飞钱只当飞钱用。

飞不高，跌不深。

非亲有义须当敬，是友无情不可交。

非针不引线，无水不渡船。

非因报应方行善，岂为功名始读书？

非所怨勿怨。

非不自知，无奈自恕；一恕再恕，走入邪路。

非义之财汤泼雪，筋骨之财刀刮铁。

肥多禾壮，奶多儿胖。

肥要见肉，瘦要见骨。

肥了骡子瘦了马。

肥马好画，瘦马难描。

肥猪躲不过屠夫手。

费力不赚钱，赚钱不费力。

分赃有份，犯法无条。

分明是鬼，当他是神。

分龙不下回龙下。

分黄不割等风甩，饭好不吃等人来。

分金少，聚金多。

分久必合，合久必分。

分即少，合即多。

分斤不分两。

疯痨瘤膈，实病难医。

疯狗咬人，不分好坏。

蜂蜜嘴，苦瓜心，大白骡子黑良心。

蜂无嘴，屁股伤人。

蜂多出王，人多出将。

蜂背虽花不称虎，蜗牛有角不是牛。

风大，山不会摇；火猛，金不怕烧。

风吹怕肉痛，饭饱无药医。

风吹云动星不动，水涨船高岸不移。

风吹不隐日头。

风吹上元灯，雨打寒食坟。

风吹一大片，雹打一条线。

风吹连檐瓦，雨打出头椽。

风吹竹尾两边摆，刀割豆腐两面分。

风急雨落，人急客做。

风筝不起，跑烂鞋底。

风筝放得高，跌下来一团糟。

风筝断线船断缆。

风凉茄子自在瓜。

风不刮，树叶不动。

风调雨顺丰收年，勤劳节省样样全。

风来刮大坡，事来找大哥。

风疾而波兴，木茂而鸟集。

风行草偃。

风催人，雨留人，下雪不走糊涂人。

风勿来，树勿动。

风摧花，压断杈。

风声大，雨点小。

风病须驱风药。

风波境界立身难。

风俗移人，贤者不免。

风送人，雨留客。

风马牛不相及。

风浪要当心，暗礁尤须防。

逢桥须下马，有路莫登船。

逢强莫怕，逢弱莫欺。

逢贱莫懒，逢贵莫赶。

逢懒必馋。

逢恶不怕，逢善不欺。

逢到癞子莫说疮，遇到秃头不说光。

逢善莫欺，见利莫贪。

逢场作戏不当真。

逢人莫乱讲，逢事莫乱闻。

逢人告诉，沿路挨骂。

逢人莫说人间事，便是人间无事人。

逢人只说三分话，君子旁边有小人。

逢人只说三分话，未可全抛一片心。

凤凰乌鸦不同音，稻谷稗草不同形。

凤凰不落无宝之地。

凤凰落架不如鸡。

奉承你是害你，指教你是爱你。

佛勿管俗。

佛爷不断买卖心。

佛大无灵，眼大无神。

佛在心头坐，酒肉穿肠过。

佛争一炉香，人争一口气。

佛是金装，人是衣装。

佛靠一层皮，人凭一身衣。

否认一次过失，等于重犯一次过失。

福自勤中得。

福不可享尽，聪明不可用尽。

福至心灵，祸来神昧。

福中有祸，祸中有福。

福在人身上，禾在田里长。

福是积的，祸是作的。

福无重至，祸不单行。

福善祸淫。

福至心灵，才高语壮。

福人葬福地。

福生有基，祸生有胎。

福地福人来。

福小命薄。

福薄灾生。

福由心造，相随心转。

浮躁性急，钓不了大鱼。

浮云万变，世事都无一定。

扶穷莫扶庸。

扶起不扶落。

服药因疗病，煎汤为保身。

服药三分毒。

蜉蝣撼大树，可笑不自量。

斧利不怕柴纹皱。

斧子不胜柯。

斧砍大树，鞭打快牛。

斧头不能削自己的柄。

斧头不打，凿子不进。

辅车相依，唇亡齿寒。

父母难保子孙贤。

父母有，不如自有。

父母恩深终有别，夫妻义重也分离。

父母生其身，自己立其志。

父母生身，各人长进。

父子相合家不败，弟兄相合不分家。

父子同心土变金。

父子情长。

父债子还，子债父不知。

父不忧心因子孝，夫无烦恼是妻贤。

父有母有，无如自有。

父一辈，子一辈。

父创江山子受荣。

父做高官子登科。

父望子成龙，子望父升天。

附耳之言，闻于千里。

富有良田万顷，穷无立锥之地。

富家儿子傲，贵家女儿娇。

富不学奢而奢，贫不学俭而俭。

富了耳朵穷了心。

富于千篇，贫于一字。

富润屋，德润身。

富的脸大，穷的眼大。

富则多事。

富则盛，贫则病。

富有了不怕没朋友，贫交困处是真朋友。

富汉乍穷，寸步难行。

富家一席酒，穷家半年粮。

富家容易处世难。

富人四季穿衣，穷人衣穿四季。

富人不知穷人苦，饱汉不知饿汉饥。

富贵又穷穷又富，沧江成路路成河。

富贵不行于乡里。

富贵怕见开花。

富贵招荣辱，清闲省是非。

富贵原从勤俭起，贫穷只怪手头松。

富在知足，贵在知退。

富先富，到头不富。

富在深山有远亲，穷站街头无人问。

富打官司笑嘻嘻，穷打官司没铜钱。

富田庄园，不养懒汉。

富交朋友贵，贫来亲也疏。

# G

该吃九升不能吃一斗。

该人是人，该鬼是鬼。

该当舅的命，想当外甥万不能。

改错是聪明，瞒错是蠢人。

盖棺论定，入土方休。

甘瓜苦蒂，物不全美。

甘蔗老来甜，辣椒老来红。

甘蔗再甜也比不上糖。

甘蔗没有两头甜。

甘言夺志，糖食坏齿。

甘泉知于渴时，良友识于患难。

干屎抹不到人身上。

干姜也要榨出水。

干姜挤不出汁。

干净床铺睡得稳。

干干净净，吃了没病。

干打雷不下雨。

干桑湿柳，见火就走。

干河墩里为知县，老虎头上拍苍蝇。

干柴见不得烈火，火上不能加油。

干柴遇火，岂能不燃。

干痨、气臌、噎，阎王下请帖。

干榆湿柳，木匠见了就走。

干鱼不能当猫子枕头，犟驴不能让瞎子牵。

赶鸭子上架。

赶路只怕站，困难只怕钻。

赶马三年知马性。

赶尽杀绝，寸铁为凶。

赶马不离胯。

赶早不赶晚。

赶狗入穷巷，穷巷狗咬人。

赶两只兔子的，一只都捉不到。

赶着不走，拉着倒退。

赶好月，没好天。

橄榄核，难舍又难吞。

感冒不算病，不治要了命。

感冒病治不难，大葱大姜和大蒜。

敢过大江，不怕小河。

敢笑何人不丈夫。

干活拿要领，一干一个成。

干活不在多，全在干得好。

干得早，不如干得巧。

干群肩并肩，干活赛神仙。

干东行不说西行，贩骡马不说猪羊。

干大事，惜身而避；闻小利，忘命而来。

干劲大，眼前有山也不怕。

干劲小，有块砖头也碰倒。

干劲足，荒山绿；干劲大，顽石怕。

干什么，说什么；卖什么，吆喝什么。

干什么，想什么。

钢淬火才硬，树剪枝才正。

钢是炼纯的，刀是磨利的。

钢刀虽快，不杀无罪之人。

钢对钢，铁对铁；碰不烂，打不缺。

钢再贵，也比不过金子；头发再粗，也比不过大腿。

钢梁磨绣针，功到自然成。

刚放下打狗棍，就骂要饭的。

刚则易折，柔则常存。

刚柔惹祸一般大。

高粱秸子不能上阵。

高粱粑，自己夸。

高粱味浓，不及藜藿味。

高人有高招。

高灯下亮。

高才不寿。

高的高打发，低的低奉承。

高大的房屋，不一定是长人住的。

高估价钱低估寿。

高者不说，说者不高。

高师出名徒。

高不过人心，凹不过山根。

高不过眉，低不过膝。

高山挡不住太阳，困难吓不倒硬汉。

高山有好水，平地有好花，人间有好女，世上有好人。

高山难遮太阳，虚实难瞒地方。

高山有猛虎，寨寨有能人。

高山怕慢汉。

高山出俊鸟，石缝儿坷拉出好草。

胳膊都是朝里弯。

胳膊是胳膊，袖是袖。

胳膊扭不过大腿。

疙瘩要往轻里解。

搁下青竹竿，忘了叫街时。

割断脖子的鸡，还要扑棱一阵子。

割肉不离皮，责儿亦疼儿。

割鸡焉用牛刀。

割倒庄稼显出粮，拨开云雾见太阳。

割了庄稼粮出来，孩子哭了娘出来。

隔着门缝看扁人。

隔着口袋买猫，不知是花的是麻的。

隔行是外行，货买三家不外行。

隔行如隔山。

隔行不知艺。

隔行不隔理。

隔道不下雨，百里不同风。

隔夜的菜汤不香，后悔的话儿不说。

隔手的金子抵不住在手的铜，远水解不了近渴。

隔手的金子，不如在手的铜。

隔手不支物，隔枝不打鸟。

隔席不问酒。

隔夜的金子，抵不上当日的铜。

隔年茶，恶过蛇。

隔山隔海不知深，知人知面不知心。

隔山听不见孩子哭。

隔山不算远，隔河不为近。

隔山隔水不隔音。

隔山买老牛。

隔墙须有耳，窗外岂无人。

隔皮猜瓜，难知好坏。

隔壁骂知县，知县没听见。

隔重门户隔重山。

隔肚皮照得饭水见，热心人招来是非多。

隔层肚皮隔层山，隔层爷娘总艰难。

隔层楼板隔重天。

隔条坳，不同道；隔条江，不同腔。

各家有各家的难处。

各人自扫门前雪，莫管他人瓦上霜。

各人心里爱，生葱拌韭菜。

各人各吃法，各庙各菩萨。

各人洗脸各人光。

各人一条心，弄断骨头筋。

各人买马各人骑，各人行好各人好。

各人拳头捣各人眼睛。

各人心事各人知。

各人修，各人得。

各人头上一块天。

各人写字各人识。

各人吃饭各人饱，各人行好各人好。

各人吃饭各人饱，各人生死各人了。

各人皮肉各人疼。

各有各的长处。

各有各人个命，各有各人个病。

各有各的好和坏。

各个的牛尾巴，遮盖各个的牛屎窟。

各搭社，另烧锅。

各打锣鼓各唱戏。

各种弊病，都从懒生。

各赌各个钱，各过各个年。

各师父，各传教；各把戏，各变手。

给是人情，不给是本分。

给是情义，不给是公道。

给福不见福，挑肥就见谷。

给个金碗不如半亩田园。

给你定罪，哪怕无词。

给你盖个庙，就是谎神爷。

根不正，苗儿歪。

根柴苗烧，独生儿莫娇。

根柴不着火，单身不落屋。

根深不怕风摇动，树正何愁月影斜？

根深叶茂，树壮果稠。

跟上好人学好人，跟上巫婆学拜神。

跟上龙王多喝水。

跟官一日，向官三年。

跟官钱，下水船。

跟猫吃肉，跟狗吃屎。

跟到好人成君子，跟到歹人惹祸殃。

跟坏人交上朋友，不如认识个恶狼。

跟好人，学好人；跟讨饭，睡庙门。

跟晚娘，宁肯跟大步；烧湿柴，宁可烧湿竹。

跟着大树得乘凉，跟着太阳得沾光。

跟着好人学好人，跟着强盗去做贼。

跟着勤的无懒的，跟着馋的无攒的。

耕也好，种也好，学好便好；创亦难，守亦难，知难不难。

埂做不好水会漏，事做不好人会咒。

耿直惹人嫌。

公用客厅没有扫。

公爹给儿媳妇揩鼻涕，好心成了不良意。

公堂一点朱，下民万滴血。

公鸡越叫越明，大路越走越平。

公鸡好斗。

公鸡头，草鸡头，不拿这头拿那头。

公鸡打架头对头，夫妇吵嘴不记仇。

公道一辈，自己不吃亏。

公道世间唯白发，贵人头上不曾饶。

公道世间唯病死，贵人身上不曾饶。

公道在人心。

公道好比对面镜，人人都能看分明。

公不开行，善不直衙。

公平出于众议。

公平交易，两合人心。

公事公办。

公事是公事，交情是交情。

公婆疼大孙，父母疼幼子。

公修公德，婆修婆德；各修各德，不修不德。

公说公有理，婆说婆有理。

公说公好，婆说婆好，媳妇天天吃不饱。

公塘无主要漏底，祠堂田里谷不生。

公鸡腿，鲤鱼腰。

公有公道理，婆有婆文章。

公猫母猫，拿着耗子就叫喵。

公子登筵，不醉便饱；壮士临阵，不死即伤。

公听则明，偏听则暗。

公理胜强权。

工多出巧艺。

工作愈多，见闻越广。

工欲善其事，必先利其器。

工夫到了收效好，工夫差了办得糟。

工换工，不落空；水帮鱼，鱼帮水。

工人觅不好，一年的困；媳妇娶不好，一辈子的困。

工人一到，烟酒就要。

工不到，事不成；气不匀，饭不熟。

工是工，商是商。

工多艺熟，熟能生巧。

工作出汗吃饭香。

功夫出于苦练，真理出于实践。

功夫练就不误人，随处可以展身手。

功夫没有屈用的。

功名到手是功名。

功名不上懒人头。

功如逆水挽舟，不进则退；学如开山平地，积少成多。

功无枉费力白出。

功德随时积，衣饭逐日生。

功之首，罪之魁。

功不独居，过不推诿。

功夫照试酒照尝。

功至德成，药到病除。

功成由俭，业精于勤。

弓是弯的，理是直的。

弓肩缩背，一世苦累。

弓弯管箭直。

弓不要拉满了。

攻心为上，攻城为下；心战为上，兵战为下。

恭可平人怒，让可息人争。

恭敬不如从命，受训不如从顺。

拱住鼻子哄眼睛。

共人共心，点炮听音。

共田就荒，共马就瘦。

共村鸟，各村打；乡里鼓，乡里敲。

共屋漏，共牛瘦。

沟里神，小庙鬼，一点不到就撅嘴。

沟水翻不了船。

沟死沟埋，路死路埋，老虎咬去得个肉棺材。

钩鼻子鹞眼，大路不平有人铲。

勾担挑水两头挂。

狗是百步王，只在门前狂。

狗尽量伸长脖子，也啃不到月亮。

狗嘴里吐不出象牙。

狗戴帽子装好人。

狗怕夹尾，人怕输理。

狗枕着肉睡不着。

狗看星星，认不得稠稀。

狗记路，猫记家，小孩只记

吃奶妈。

狗在骨头上聚会。

狗眼看人低。

狗不咬拜年的，官不打送礼的。

狗不嫌家贫，儿不嫌母丑。

狗头上搁不住骨头。

狗头上挂不住粽子。

狗蚤贴狗身，狗死蚤就灭。

狗住书房三年，也会吟风弄月。

狗仗人势，雪仗风势。

狗退毛：先净腿，发大水；先退腰，油饼火烧吃一遭；先退腚，主人幸；先退头，主人愁。

狗啃骨头干咽沫。

狗皮脸，没反正。

狗改不了吃屎，猫改不了抓耗。

狗脸亲家驴脸皮，扭过脸来笑嘻嘻。

狗窝子里搁不住酥油饼。

狗是忠臣，猫是奸臣。

狗有湿草之恩。

狗通人性。

狗有义，人不知。

狗急跳墙，人急悬梁，富急出洋。

狗急跳墙，兔急咬人。

狗急要跳墙，饿狼最疯狂。

狗咬穿烂的，人舔穿好的。

狗食贼粮，猫食鼠粮。

狗咬三生冤，蛇咬对头人。

狗咬吕洞宾，不识好歹人。

狗咬狗，一嘴毛。

狗咬人，有药治；人咬人，没药医。

狗相咬，易得好。

狗眼不识泰山，只敬衣帽不敬人。

狗肚子里搁不住四两油。

狗生来是吃屎的。

狗瘦主人羞。

狗无寒，猫无暖。

狗大自咬，女大自巧。

狗多咬不死豹子。

狗占人势，鸡占地皮。

狗肚里没人话。

狗咬呆，蝎勾灾。

狗记三千，猫记八百。

狗多不怕狼，人多不怕虎。

狗坐轿子，不服人抬。

狗坏没屎吃，人坏没饭吃。

狗独蹲，羊群走。

狗怕弯腰狼怕蒙。

狗见骨头亲，横竖一家人。

狗打亲家母，舍不得半下午。

狗嘴里掏不出象牙。

狗窝里养不出金钱豹。

狗屎糊不上墙，秕谷春不出糠。

狗肉不上调盘，小老婆走不到人前。

狗头将军保糊涂大王。

孤食不耐五更寒。

孤不敌众。

孤掌难鸣。

姑娘有钱姑娘贵，姑娘无钱站门背。

姑娘嫌嫂丑，枉作冤枉仇。

姑娘嫂，落得好。

姑娘怕误女婿，庄稼怕误节气。

姑息适足以养奸，养痈适足以贻患。

姑息养奸。

姑舅亲，辈辈亲；三辈不离老娘家门。

姑死丈无亲。

姑子大似婆，筛子大似箩。

瞽者善听，聋者善视。

骨肉情深。

谷穗越饱满，越低着头。

鼓空声大，人狂语大。

鼓要打在点子上，笛要吹在眼子上。

鼓着腮帮去充胖，除了篱笆尽是墙。

鼓破乱人捶，墙倒众人推。

鼓打千捶，当不到雷吼一声。

鼓不打不响，事不做不成，人不学无术。

鼓不打不响，话不说不明。

鼓不打不响，钟不敲不鸣。

古今的事理无穷，一人的知识有限。

古老当时兴。

古人欲达勤诵经，今世图官勉治生。

古人形似兽，心有大圣德。

古人不见今时月，今月曾经照古人。

顾了翻锅，忘了烧火。

顾了吹笛，顾不了捏眼。

顾说不顾论。

瓜无滚圆，人无十全。

瓜熟蒂落，水到渠成。

瓜子敬人一点心。

瓜田不纳履，李下不整冠。

瓜子无水泛，扣子无纽袢。

瓜田李下，各避嫌疑。

瓜老一歇，人老一年。

瓜果不饱在人心。

瓜儿离不了秧，小孩离不了娘。

瓜里挑瓜，挑得眼花。

刮风走小巷，下雨走大街。

寡妇门前是非多。

寡言真美德。

挂一漏万。

挂节妇招牌当婊子。

挂羊头，卖狗肉。

乖人做拙事，拙人没得事。

乖人头上光地踏，蠢人头上满头发。

乖人不话，痴人不醒。

乖人不吃眼前亏。

乖俏乖俏，一乖就俏。

乖僻自是，悔误必多。

乖汉做驴子，却被痴汉骑。

乖子看一眼，呆子看到晚。

乖好合，蠢好合，半乖半蠢真难合。

怪事年年有，不及今年多。

怪人休怪老了，劝人休劝恼了。

怪人不知礼，知礼不怪人。

观其外，知其行；观其友，知其人。

观其外，知其内。

观棋不语真君子。

观虎吃食，有损无益。

观今宜鉴古，无古不成今。

观鸟观其翼，观人观其识。

关门养虎，虎大伤人。

关起门来打狗，堵住笼子抓鸡。

关了大门做皇帝，自家看自家的戏。

关上门子朝天过。

关西出将，关东出相。

关门打鼓，响声在外。

官出于民，民出于土。

官娘子死了满街白，官死了没人抬。

官好见，狗难见。

官廉吏不廉。

官久自富，疯久自死。

官凭文书，民凭信约。

官清民自安。

管你冒风不冒风，三片生姜一根葱。

罐口好封，人口难封。

光阴似箭，一去不回。

光说不练是假把式，只练不说是真把式，连说带练是全把式。

光脚的不怕穿鞋的。

光听楼梯响，不见人下来。

广交不如择友，投师不如访友。

广种薄收。

逛庙哪有不带钱。

龟通海底。

归了包堆，分毫不差。

鬼门关，十人去了九不还。

鬼火怕见亮，丑事怕见人。

贵人语话迟。

贵的不贵，贱的不贱。

贵在有恒。

贵在坚持。

蝈蝈唱得口凹酸，曲蟮争了好名声。

国家兴亡，匹夫有责。

国败出妖，家败出娇。

国强民也富。

国多勇士根基固，家有英雄世代荣。

国朝盛，出贤臣；家道兴，看子孙。

国易治，家难齐。

国正天心服，官清民自安。

国破家必亡。

国将兴，必祯祥；国将亡，必妖孽。

国富民安，国强民欢。

国以民为本，民以食为天。

国乱出忠臣。

国有国法，家有家规。

过了这个村，没有这个店儿。

过了三十无少年。

过了店道难寻宿。

过日子不得不俭省，待人不得不丰满。

过日子，不得不省；待宾客，不得不丰。

过去事明如镜，未来事暗如漆。

过去才知事前错，老来方晓少年非。

过后见识不如无。

过头话少说，过头事慢做。

过刚必折。

# H

蛤蟆蝌蚪成不了大精怪。

还没打着狗熊，先别说分皮的话。

孩儿看幼时，新娘看来时。

孩子不好慢慢教，哪有一锹挖一井？

孩子再丑，也是自己的好。

孩爱衣，老爱食。

孩童容貌十八变。

孩要哄，泥鳅要捧。

孩不哭，娘不奶。

孩不离娘，瓜不离秧。

海再深有底，树再高有根。

海再深有底，山再高有顶。

海洋深处鱼儿大，书海深处学问多。

海洋虽然大，滴水对它也有益。

海有底，山有顶，知识学问无止境。

海深莫测，人心难量。

海内存知己，天涯若比邻。

海枯终见底，知人不知心。

海枯终见底，人死不见心。

海阔凭鱼跃，天高任鸟飞。

海水无风浪不高，树上无风枝不摇。

海水舀不尽，知识学不完。

海水岂能斗量。

害人之心不可有，防人之心不可无。

害人终害己，为人为到底。

害眼洗脚，强似吃药；害眼剃头，火上加油。

害怕困难的人，一事无成。

寒思衣裳饥思食。

寒天冻懒人。

寒在五更头。

寒从脚上起，火从头上生。

寒门出才子，高山出俊鸟。

含而不露，得了就了。

含多嚼不碎。

含血喷人，先污自口。

含着骨头露着肉。

韩信将兵，多多益善。

旱蛤蟆躲端午。

汗毛拧不过大腿。

汗毛比大腿，眼睛看鼻子。

行行出状元，类类有高低。

行行有利，行行有弊。

行家瞧门道，外行看热闹。

行家一看就知。

行家一伸手，便知有没有。

蒿草不能成树，棒槌不能成精。

蒿里隐着灵芝草，淤泥陷着紫金盆。

蒿草之下，或有兰香；茅茨之屋，或有侯王。

毫毛成捆子，不可细算。

好花不常开，好景不常在。

好借好还，再借不难。

好书不厌百回读。

好石磨刀也要水。

好事多磨。

好事不出门，坏事传千里。

好离好散。

好树也要勤打杈。

好医生医不得相思病。

好人架不住坏人言，开水架不住凉水点。

好人怕个坏人劝，瓷器就怕金刚钻。

好人扫地不起尘，懒人扫地呛死人。

好人早过世，歹人磨世界。

好人争理，坏人争嘴。

好人老睡成病人，病人老睡成死人。

好人难得六月泻。

好人话不坏，好酒酿不坏。

好人不要欺，好马不要骑。

好汉护三村，好狗护三邻。

好人不服正，狗肉也上秤。

好了疮疤忘了疼。

好女不在打扮，好马不在加鞭。

好手难挡四面风。

好手难绣没线花。

好心没好报。

好心有好报。

好汉不提当年勇。

好汉不欺邻。

好汉面前无困难，困难当中出英雄。

好汉见官三声哑。

好汉也要众人扶。

好汉不挣有数钱。

好汉似铁不是铁，官法如炉真是炉。

好汉流血不流泪。

好汉架不住三泡稀。

好汉只怕病来磨。

好汉难供三张嘴。

好汉不吃窝里食。

好汉打落门牙夹血吞。

好汉眼里火变，懒汉眼里水战。

好花要得绿叶配，好人要得众人扶。

好花真像枝头睡，佳果还从树上摘。

好花等它自谢。

好花香不久，好人寿不长。

好花开不败，好事说不坏。

好事多磨。

好话不瞒人，瞒人无好话。

好狗不跳，好猫不叫。

好狗不挡路。

好狗不碍路，碍路非好狗。

好狗不卧路，好猫不睡灶。

好马不在鞍，人美不在衫。

好马不吃回头草。

好马不在铃铛响。

好马在力气，好汉在志气。

好马不在鞍辔，有志不在年高。

好马不用鞭策，好鼓不用

重捶。

好马不停蹄，好牛不停犁。

好马不吃回头草，好汉不夸旧功劳。

好好开花好好谢。

好酒红人面，财帛动人心。

好酒只一壶，毒药不用多。

好酒不怕酿，好人不怕讲。

好菜配好饭，好女配好男。

好茶不怕细品，好事不怕细论。

好客三年不换店，好店三年不换客。

好家难舍，熟地难离。

好家过年，穷人过急。

好看不一定好吃。

好看不过素打扮，好吃不过粗茶饭。

好话一句三冬暖，话不投机六月寒。

好铁不经三炉火。

好金出在沙泥里，好肉生在骨头里。

好头不如好尾。

耗子有个洞，麻雀有个窠。

耗子才知耗子路。

耗子还有三分粮。

耗子吃了有摊壳壳，火烧了有堆灰灰。

耗子还有不偷油吃的？

耗子把女嫁，猫把崽儿抓。

耗子钻牛角，越钻越深。

喝了人家的酒，跟着人家走。

喝了哪家酒，就说哪家话。

喝什么地方的水，随什么地方的俗。

喝酒喝到人肚里，说话说到人心里。

何必去南海，此处就是观音。

荷花虽好，全凭叶扶助。

河涸石头在。

河边栽柳，道边栽杨。

河里鱼多水不清，山里石多路不平。

河清海晏。

河有河道，山有山路。

合套不合套，试试就知道。

合群的羊不怕狼。

合久必分，分久必合。

合则留，不合则去。

合抱之木，生于毫末。

合得好，不如散得好。

合邻居淡淡如水，过日子细水长流。

和气生财，忤逆生灾。

和平终是福。

禾不怕踩，儿不怕奶。

禾好米好，娘好女好。

禾怕八月旱，人怕老来寒。

贺上不贺下。

黑发不能勤学早，到老方悔读书迟。

黑带子洗不成白的。

黑狸牛，铁青马，乌嘴叫驴不用打。

黑鸡下一千，麻鸡下一万，白鸡好看不下蛋。

黑头风，白头雨。

黑脸的张飞，白脸的曹操。

黑疸轻，白疸重，黄疸要了命。

恨老鼠吃谷，也不能放火烧仓。

恨铁不成钢，恨水不成冰。

恨病吃药。

横行总有到头日。

横难吞，顺好咽。

横吹笛子直吹箫。

洪水未到先筑堤，豺狼未来先磨刀。

洪水如猛兽。

红粉赠与佳人，宝剑赠与烈士。

红粉佳女休变老，风流浪子莫教贫。

红花白藕青荷叶，原来总一股。

红花还得绿叶扶。

鸿雁叫一声，穷人吃一惊。

哄人哄自己。

哄死人不偿命。

猴子屁股都一样红。

猴子手里掉不出干枣。

猴子跟着人行事。

猴子的屁股自来红。

喉咙深似海，吃断斗量金。

后君子，先小人。

后入船者先上岸。

后浪催前浪。

后生不看水浒，老来不看三国。

后生可畏。

后生不晒背，老来要后悔。

后来者在上。

后长的胡子，比先长的眉毛长。

囫囵吞枣不知味。

湖接两头，苏连三尾。

湖上渔家，白饭丹虾。

葫芦越老越硬。

葫芦茄子吊着长。

糊多不黏，话多不甜。

糊涂庙里糊涂神。

糊涂虫不知聪明的可贵，健康人不知患病的痛苦。

糊涂账好算，昧心账难算。

糊涂曲儿糊涂唱。

糊涂须到底，聪明莫过头。

胡桃里的肉，不敲不出来。

胡椒小，辣人心。

胡琴响，喉咙痒。

狐狸长得再媚，猎人也要把它打死。

壶中无酒难留客。

虎死雄心在。

虎心隔毛皮，人心隔肚皮。

虎落平阳被犬欺。

虎动风生。

虎毒不吃子。

虎为百兽之王。

虎为百兽之长，人为万物之灵。

虎吃肉性凶，羊吃草性良。

虎不怕山高，鱼不怕水深。

虎不知壁薄，人不知命薄。

虎生犹可近，人熟不堪亲。

户枢不蠹，流水不腐。

护根草，长到老。

花盆栽不出万年松，猪圈跑不出千里马。

花有谢时，筵有散时。

花香不在多，做事不在说。

花在墙内，香在墙外。

花开花谢年年有，人老何曾转少年？

花无长红，月无长圆。

花里挑花，挑得眼花。

花香要风吹，好事要人传。

花钱容易挣钱难。

花无百日红。

花言巧语顶不了钱，山珍海味少不了盐。

花篮提水难保留，竹篮打水一场空。

花配花，柳配柳；破粪箕，配笤帚。

花有重开日，人无再少年。

花鲜要落，松老常青。

花有个红的不红的，人有个能的不能的。

花香好比杀人刀。

花香不在多，室雅不在大。

花配花，柳配柳，唱龙船的配打花鼓。

花椒胡椒，只要顺气。

滑头得势鬼发财，老实疙瘩吃不开。

划过龙船才识亲。

华山自古一条路。

化梨膏是熬的，手艺精是学的。

话没脚，走千里。

话到舌头留半句，事到理上让三分。

话不能说满，事不能做绝。

话要说在明处，事要做到实处。

话是酒赶的，兔是狗赶的。

话是开心钥匙。

话是开心的药。

话里有话。

话传三人，能变本意。

话糙理不糙。

话怕三头对面，事怕挖根掘蔓。

话明气散。

话有三说，巧说为妙。

话有三不说，揖有三不作。

话有三说三解。

话事难于立目。

话事要话理，吃饭要吃米。

话要俗说，才能传远。

话要人说，水要瓢舀。

话不要说死，路不要走绝。

话不说不透，沙锅不打不漏。

话不说不知，木不钻不透。

话不投机半句多。

话多了伤人，食多了伤身。

话多了劳神。

画鬼容易画人难。

画龙点睛。

画龙画虎难画骨。

画人难画骨。

画人难画手，画树难画柳，画马难画走。

画饼不充饥，望梅徒止渴。

画出龙来才现爪。

画蛇添足，弄巧成拙。

怀里没奶，莫怪孩子哭。

怀善如珍，脱恶如履。

坏心人难过四方，夜蝙蝠怕见太阳。

坏事的道路顺溜溜，成事的道路弯曲曲。

坏一着棋，满盘都会输。

坏人心难捉，泥鳅滑难捉。

坏事容易成事难。

坏事行千里。

欢喜不知愁来到，背时不知哪一天。

欢喜嫌夜短，寂寞恨天长。

还钱常记借钱时。

还利不为欠，还本不为骗。

缓不济急。

换汤不换药。

患难中见朋友。

荒地无人耕，耕起有人争。

荒山出俊鸟。

荒年发财主。

蝗虫玩鸡被鸡吞。

皇帝背后骂昏君。

皇帝也有草鞋亲。

皇帝不急太监急。

皇帝也有背后言。

皇天不负好心人。

皇天不可欺。

皇上虽大，管不了天。

趣味俗语

黄铜再亮也不能称作金子。

黄河尚有澄清日，岂可人无变心时？

黄河深万丈，人心难测量。

黄河五百年一清。

黄河知深浅，人心没捉拿。

黄河九曲十八弯。

黄瓜上市，医生行运；萝卜上市，医生倒霉。

黄连救人无功，人参杀人无过。

黄芩无假，阿魏无真。

黄粱犹未熟，一梦到华胥。

黄泉路上无老少，黄叶不落青叶掉。

谎话腿不长。

谎话讲不得，庄稼荒不得。

灰土不能算成墙，女婿不能算儿子。

回炉的烧饼不香。

悔前容易悔后难。

悔过容易改过难。

悔之今日，不该当初。

慧眼识英雄。

讳疾忌医的人，找不到良药。

会水水中死，会打拳下亡。

会水的鱼儿浪打死。

会捉老鼠的猫不叫。

会说说自己，不会说说别人。

会说难抵两张口，会打难抵两双手。

会说的不如会听的。

会说跟不上会听的。

会说的一句道破，不会说的越说越糊涂。

会说话的说圆了，不会说话的说翻了。

会疼的疼媳妇，不会疼的疼闺女。

会走走不过影子，会说说不过道理。

会者不难，难者不会。

会偷吃不会抹嘴。

会交的交三辈，不会交的交一辈。

会做贼，会变化。

会睡觉不怕你打先眠。

会走黑路，也要碰鬼。

昏官断案，各打五十大板。

婚姻断个好，官司断个了。

婚姻不是买饽饽，好歹吃到肚子里。

混水摸鱼。

混水捉鱼，大小难分。

豁上一缸小米，怎的也打住一只麻雀。

活多大家做，衣长要布裁。

活着不孝，死了胡闹。

活着孝敬一两，强如死了供奉一斤。

活着一辈子，学着一辈子。

活无来往，死无丧吊。

活人不能叫尿憋死。

活人拜泥胎，不傻也是呆。

活要见人，死要见尸。

活到老，学到老。

活到老，做到老；做到老，学到老。

火把倒下去，火焰仍向上。

火上加油，雪上加霜。

火烧一大片，水流一条线。

火烧眉毛，先顾眼前。

火大没湿柴，人多把山抬。

火性人心急，土性人心实。

火无终日旺，花无百日红。

火烈不怕生柴。

火着烟就冒，心动脉就跳。

火烤胸前暖，风吹背后寒。

祸从口出，病从口入。

祸兮福所倚，福兮祸所伏。

祸不由己。

祸到临头悔已晚。

祸福相依。

祸福为邻。

祸福无门，唯人自召。

货有好歹，价有高低。

货高价出头。

货快落地不沾灰。

# S

撒手不由人。

撒谎不拣好日子。

撒谎不瞒当乡人。

撒谎的人，只会使自己受辱。

塞翁失马，焉知非福。

三年学个大大夫，十年学个小大夫。

三年不食井中水，也没井水过井沿。

三年不挖，茶树摘花。

三年不上门，当亲也不亲。

三年等出个闰月。

三年满，四年圆。

三年水流东，四年水流西。

三日六夜，三句现话。

三日不读书，言语也无味。

三日勿见，髭须满面。

三日胳膊两日腿。

三日来一转，黄狗眼眉善。

三天不做不顺手，三天不读不顺口。

三天风，四天雨，文章不能煮。

三天不下网，鱼在河里长。

三个蛮人抬不过一个理字。

三个钱的，不给两个钱的说话。

三个人唱六个喏，各自有来去。

三个愚人，当个明人；三个明人，当个知县。

三个篱笆要一个桩，一个好汉要三个帮。

三个臭皮匠，抵个诸葛亮。

三个人里头有韩信。

三个鼻孔多透气。

三十未过，还是孩童。

三十个人有三十个计策，三十头牛有六十个长角。

三十年河东，四十年河西。

三十岁没娶妻，讲话还是带乳气。

三十以后，才知天高地厚。

三十不沾痨，四十不沾火。

三十斤重的毛狗，五十斤重的尾巴。

三十五六，方知天高地厚。

三十夜的火，十五夜的灯。

三十夜打爷，初一日拜爷。

三十夜晚不见，正月初一请拜年。

三人欺两弱，一正压千邪。

三人进店，口味不同。

三人同行，小的受苦。

三辈难修好街坊。

三辈子忘不了老娘家亲。

三更灯火五更鸡，正是男儿立志时。

三条路不能全占。

三条腿的蟾不好找，两条腿的人好找。

三思有益，一忍为高。

三九的兔子撵不出窝。

三子难求：儿子，银子，胡子。

三思而后行。

三军可夺帅，匹夫不可夺志。

三寸气在千般用，一旦无常万事休。

三寸鸟，七尺嘴。

三寸舌害了六尺身。

三分天资七分学。

三分吃药，七分在养。

三分靠教，七分靠学。

三分天才七分学。

三斤猪头，落锅为净。

三斤甘草，凉不到心。

三国尽归马司懿。

三块板，两条缝。

三把镰刀，总有一把利。

三层单，不如一层棉。

三拳难敌四手。

桑要从小育，人要从小教。

桑叶翠，必要贵。

扫地如清心。

色色都会，件件不精。

色是刮骨的钢刀。

色衰爱弛。

色胆包天。

僧来看佛面。

僧勿管俗。

僧多粥薄。

僧道无缘。

杀一儆百。

杀人容易理肠难。

杀人不顾己，害人害自己。

杀人不过头点地。

杀猪杀到咽。

杀猪宰羊，厨子先尝。

杀猪宰羊，各管一行。

杀猪屠夫死了，不会吃带毛猪。

杀鸡不如远送客。

杀鸡不用牛刀。

杀鸡吓猴，打草惊蛇。

杀山羊，吓得绵羊发抖。

沙锅不打不漏，话不说不透。

沙锅和面不如盆。

啥虫钻啥木头。

啥人找啥人。

啥人玩啥鸟。

啥样老师，教啥样学生。

啥树开啥花，啥花结啥果。

傻吃闷喝睡大觉。

傻瓜结得大。

山要崩，绳子箍不住。

山外青山楼外楼。

山鹰不怕峰峦陡。

山鹰不怕劈头风。

山顶有花山下香，桥下有水桥面凉。

山东老虎吃人，山西老虎也吃人。

山头有水，人头有血。

山高才显威严，水清才显

好看。

山高怕慢上。

山高水也高。

山高有攀头，路远有奔头。

山高挡不住太阳，水大没不了鸭子。

山高日上迟。

山高显云低。

山高水更高，你好他更好。

山高挡不住南来的雁，墙高挡不住北来的风。

山高高有限，天大大无边。

山高树高，井深水深。

山高一丈，水冷三分。

山高水长。

山上草多花不红。

山上多栽一棵树，山下多得一分福。

山大蛇大。

山有高低，水有清浑，人有好赖。

山山有路，路路相通。

山怕无林地怕荒，人怕老来花怕霜。

山有山根，洼有洼心。

山有山神，庙有庙主。

山不转路转，河不弯水弯。

山不嫌高，水不嫌深。

山好能容四面看。

山好能容回头看。

山水总会有相逢。

杉木尾子做不得正梁。

闪轻躲重，熟能生巧。

善必寿老，恶必夭亡。

善学者如攻坚木。

善讲不如善听，会睡何论先眠？

善言不可离口，善药不可离手。

善及子孙。

善书者不择笔。

善水者溺，善骑者坠。

善做者不必善成，善始者不必善终。

善化不足，恶化有余。

善钱难舍。

善无不吉，恶无不凶。

善能寿老，恶能早亡。

善事可做，恶事莫为。

善不可失，恶不可得。

善欲人见，不是真善；恶恐人知，便是大恶。

善门难开，恶门难闭。

扇子虽破骨子在。

伤心的不是朋友。

伤心莫去路头哭。

伤人之言，深于矛戟。

伤人一语，犹如刀割。

伤风是有病之母。

伤风惨过大病。

伤风不醒便成痨。

伤筋动骨一百天。

商量不如强梁。

赏以劝善，罚以惩恶。

赏子千金，不如赏子一艺。

上河涨水下河浑。

上打鼻子下打嘴。

上回没淹死，又往水里跳。

上天无路，入地无门。

上当只有一次。

上漆先去锈。

上轿女儿哭是笑，落第秀才笑是哭。

上歪一尺，下歪一丈。

上了贼船就晚了。

上了虎背，下不了虎背。

上了赌场，不认爹和娘。

上不正，下参差。

上山骡子平川马，下山毛驴不用打。

上山容易下山难。

上山看山势，入门看人意。

上梁不正下梁歪，下梁不正倒下来。

上梁不正下梁歪，中梁不正垮下来。

上有横梁下有槛。

上有天堂，下有苏杭。

上行下效。

上传下接，教识后人。

上顿吃不饱，下顿省不了。

上回当，学回乖。

上当学乖，吃亏学能。

上肩容易下肩难。

上岗下岗别害怕，有一上就有一下。

捎钱易少，捎话易多。

烧灯笼，日头红。

烧酒米做，人心肉做。

勺子无把，两头挨骂。

勺子免不了碰锅台。

少叫一声哥，多上十里坡。

少饮不乱性。

少则乐，无则忧，多则累。

少吃有滋味，多吃伤脾胃。

少吃一口，活到九十九；多吃一勺，半夜睡不着。

少吃多香。

少吃多餐，病好自安。

少吃多滋味，多吃坏肚皮。

少一刻不生，迟一刻不死。

少年休笑白头翁，花开能有几日红。

少年学习记得深，好比石上刻道印。

少年享福如受罪。

少年夫妇老来伴，一日不见问三遍。

少不离乡是废人。

少成若天性，习惯成自然。

少间勿忍，终身之羞。

少的不哄，老的不欺。

少爷死了哭满街，老爷死了无人抬。

少壮不努力，老大徒伤悲。

赊账断主顾。

赊得不如现得。

赊三千不如现八百。

赊三不如现二。

奢侈之费，甚于天灾。

奢者富不足，俭者贫有余。

奢者心常贫，俭者心常高。

蛇不知自己行迹，人不明自己身心。

蛇无头不行，草无根不生。

蛇以为自己的身子并没弯，所走的道路却是弯的。

蛇死脚出。

蛇怕扁，人怕短。

蛇口最毒，贼手最酷。

蛇爬无声，奸计无影。

蛇跑兔窜，各有各的打算。

蛇过了有条路，做了的事瞒不住。

蛇有蛇灶，蝈有蝈窟。

蛇有蛇路，鼠有鼠路。

蛇有蛇路，鳖有鳖路。

舌尖杀人不用刀。

舌下有龙泉，杀人不见血。

舌头没有骨头，但比铁还硬。

舌头是肉的，事实是铁的。

舌头底下压死人。

舌头无骨，随圆随阔。

舌头打个滚，反正不蚀本。

舌头硬，顶不过腮去。

舌头和牙齿也会相打。

舌头打人人跪下，鞭棍打人人睡下。

舌头底下压不了话，墙根底下避不了风。

舍己为人，公而忘私。

舍生取义，杀身成仁。

舍命陪君子。

舍命过三关。

舍不得孩子，套不了狼。

舍不得金弹子，打不了凤凰鸟。

舍不得金簪子，打不成巧鸳鸯。

涉浅水者得虾，涉深水者得蛟龙。

射虎不成重练箭，斩龙不断再磨刀。

射人先射马，擒贼先擒王。

射箭看靶子，弹琴看听众。

设身处地，将心比心。

麝子打的一台戏，野猪打的一口气。

深山出俊鸟，深水有大鱼。

深山毕竟藏猛虎，大海终须纳细流。

深山打猎人，最识豺狼心。

深山多宝。

深山出骏马，平地出呆驴。

深山藏虎豹。

深沟高垒。

深秋风势动，风动浪未静。

深人无浅语。

深在洼里读书，不如街头听讲。

身伤痛伤能治好，言语中伤

治不了。

身子正，脚跟硬。

身子是干活的本钱。

身子怕不动，脑子怕不用。

身入心不入，皮知肉不知。

身上既然淋湿了雨，就不怕站在水里。

身上有屎狗跟踪。

身在天地后，心在天地前。

身在羊群不认羊。

身稳口稳，到处安稳。

身有实在货，不用嘴吆喝。

身无斩龙刀，敢言下东海。

身体越练越强，脑子越用越好。

身宽不如心宽。

身大力不亏，智大事有为。

身静养指甲，心静养头发。

伸手不打垂尾狗。

伸手打人，回手说理。

伸舌说话，放出良心言。

参越老越值钱，人越老越寡言。

参星不见商星，井水不犯河水。

什么仙家驾什么云头，什么牲口戴什么笼头。

什么根长什么苗，什么葫芦长什么瓢。

什么都有别有病，什么没有别没钱。

什么都抓的人，什么也抓不住。

什么人玩什么鸟，什么人种什么草。

什么树开什么花，什么藤结什么瓜。

什么鸟下什么蛋。

什么人都可交，没有心眼的人不可交。

什么风都下雨，什么病都死人。

神仙打鼓也有个错点儿。

神仙也有遗失剑。

神仙也有三个错。

神仙也怕脑后风。

神仙鬼怪全是假，巫婆治病尽坑人。

神龙见首不见尾。

神无大小，灵者为尊；人无大小，达者为尊。

神经疾，痰造心。

神鬼怕恶人。

慎始善终。

声叫声应，不来也好听。

声气大，干叫唤。

升米养恩人，斗米养仇人。

升箩里造庙。

升榆斗柳。

升不受斗，不毁则复。

生前不给父母吃，何必清明祭扫坟。

生意不误人。

生意不成仁义在。

生意不怕跌，只怕歇。

生意不好整柜台。

生意人，无大小。

生意好做，伙计难靠。

生意难合伙。

生意无规则，如船之无舵。

生意有路人无路。

生在三伏，死在三九。

生在成都，死在建昌。

生在福中不知福。

生在苏州，食在广州，住在杭州，死在柳州。

生身父母在一边，养身父母大如天。

生有日，死有时。

生有地，死有处。

生有知人之明，死有贵神之灵。

生姜汤自暖肚。

生前手不生后手，结果难成就。

生病要治，见虫要拿。

生病不死活跌杀。

生来的毛病儿，剪成的鞋样儿。

生成一半，学成一半。

生死关头，只有一次。

生死命定。

生铁补锅，手艺卖钱。

生铁炼成钢，要靠炉火旺。

生瓜梨枣，吃了不好。

生不带来，死不带去。

生而何欢，死而何惧。

生盐拌韭菜，各人心中爱。

生吃螃蟹活吃虾。

生离死别，悲哀最切。

省事无事。

省下一钱，预备万难。

省一芝麻，去一黄豆。

省费医贫，读书医蠢。

省柴锅不滚，饭熟米汤生。

省着省着，窟窿等着。

省吃俭用。

省了不觉费了知。

省了油，费了轴。

胜败乃兵家常事。

胜不骄，败不馁。

盛馔相争，不如菜饭安宁。

盛名必有重责，大功必有奇勇。

盛筵必散，花红必落。

盛年不重来，一日难再晨。

盛年不再来，岁月不等人。

盛情难却。

狮舞三堂无人笑，话讲三遍无人听。

师徒如父子。

师傅不高徒子拙。

师傅领进门，修行在各人。

师不谈师，医不谈医。

师严则道遵。

虱不咬忙人。

虱多不痒。

虱子多了不咬，债多了不愁。

施药不施方。

施恩莫望报，望报莫施恩。

施恩勿念，受恩莫忘。

失马能收回，失言收不回。

失败乃成功之母。

失之易，得之难。

失了荆州西川在。

失晨之鸡，思补更鸣。

失礼莫见识，失物难疑人。

失落光阴无处寻。

失事容易，得事艰难。

蚀本卖乖。

蚀钱不足，嵌金补数。

石看纹理山看脉，人看志气树看材。

石头上栽葱扎不住根。

石头浸久了，也能生青苔。

石头经过山洪冲洗才发亮。

石头本身钝，却可以磨刀。

石头大了绕着走。

石头没有洞，毒蛇钻不了空。

石头人虽笨，心是实的。

实话好说，瞎话难编。

实干能成事，虚心能添智。

实病无良医。

食之无肉，弃之有味。

食着果子忆着枝。

食麦人不知米价。

食尽鸟自飞。

食多伤脾。

食多伤身，话多伤人。

食过喉咙三寸漫。

食人碗前，话人碗后。

食人酒席，代人出力。

食不语。

食不多言，寝不空语。

食不穷，穿不穷，不做才会穷。

食不穷，穿不穷，不会打算一世穷。

食多伤胃，忧多伤神。

时到天亮才好睡，人到老来才学乖。

时间好似河流水，只能流去不流回。

时时向前想，事事向前看。

时光莫闲过，青春不再来。

时不可失。

时不至来运不通，行船又遇当头风。

时来逢好友，运去遇佳人。

时来福凑。

时来墙也挡不住。

时来运转，点石成金。

时运未到君且待，困龙自有上天时。

时势造英雄。

时倒将军败。

时雾朝朝落。

时衰鬼弄人。

时症莫看头，病病莫看脚。

识者曰宝，不识者曰草。

识貌不识胆。

识时务者为俊杰。

识性可以同居。

识得麻衣相，轻贱人世间。

拾银子拾钱不拾骂。

拾着棉条再分幅。

拾金不昧，于心无愧。

十句谚语十句真。

十事半通，不如一事精通。

十年之树，就可以用。

十年学不好，一天坏下去。

十年不富一年穷。

十年河东，十年河西。

十年寒窗无人问，一举成名天下知。

十年败兴许多人，一拨浑水一拨鱼。

十年树木，百年树人。

十年难等闰腊月。

十年学成秀才，十年学不成生意人。

十个指头不一般齐，三个树权还有高低。

十七十八，吃喝没够。

十分干，不值三分算。

十分弓儿，别拉满了。

十分酒量吃了七八分，健脾活血养精神；一分酒量吃了十二分，打得人来骂得人。

十里一铺，三十里一驿。

十里路口无真信。

十里不同天。

十里风俗不同。

十指连心。

十个指头有长短，口咬哪个都会疼。

十指露缝。

十句成语五句真。

十句好话能成事，一句坏话事不成。

十网九空，一网成功。

十偷九犯。

十朵菊花九朵黄，十个女儿九像娘。

十鸟在树，不如一鸟在手。

十只指头指指痛。

十榛九空。

十丈深水易测，一个人心

难探。

使重不使轻。

使死人，不偿命。

使口不如自走，求人不如求己。

屎壳郎识好粪。

屎壳郎夸孩儿香，刺猬夸孩儿光。

是姻缘棒打不散。

是草有根，是话有因。

是勤就比懒好，是俭就比馋好。

是福不是祸，是祸躲不过。

是马三分龙。

是人都有三分火。

是金便赤，是银便白。

是亲必顾，是邻必护。

是亲三分向，是火热似炭。

是龙来去大海，是蛇草里钻。

是龙到处行雨，是蛇到处伤人。

是真难灭，是假易除。

是个蚂蚱就会咬草。

是个疖子得出脓。

是非自有公论。

是非难逃众人口。

是非讨散，婚姻讨合。

是非只为多开口，舌头四两有千斤。

是非只为多开口，多言多语打破头。

是道则进，非道则退。

是艺不亏人。

是疖子准得出头。

是了就是了。

是风不过午。

是火焉能用纸包？

世间好语书说尽，天下名山僧占多。

世事洞明皆学问。

世事让三分，天宽地阔。

世事明如镜。

世事静方见，人情淡始长。

世事要多知，香酒要少吃。

世事深如海，要得细思量。

世事如春梦。

世情看冷暖，人面逐高低。

世上无钱难做人。

世上无难事，只怕有心人。

世上无鬼神，百般人做起。

世上哪有烧不热的锅。

世上由命不由人，由人谁受贫？

世上万般愁苦事，无如死别与生离。

世上无鬼神，百事人做成。

世路曲曲折折。

士先立志。

士穷见节义，世乱识忠臣。

市中无鱼蛤蟆贵。

市中有货方招客。

视兄弟重，视财产轻。

柿子老了皱着皮。

试试并非受罪，问问并不吃亏。

试金以石，试人以财。

逝去的时间，流去的水。

事前不开腔，事后诸葛亮。

事前没计划，临头没办法。

事无三不成。

事无中人不圆。

事无不可对人言。

事不过三。

事不关己，高高挂起。

事不干己不关心。

事不三思，终有后悔。

事大事小，身到便了。

室雅不须大，花香不在多。

收拾不清，吵闹四邻。

守口如瓶。

守口莫谈人过短，自短何曾说与人？

守己须贵己，信人不疑人。

守什么人学什么人。

守住本分来过岁月，凭天理以度春秋。

守命安分，顺时听天。

守到云开月自明。

守着矮人，莫说短话。

守着啥人说啥话。

守着大树，草不沾霜。

守着画匠，学会画画。

守着多大碗吃多大饭。

手大脚短，嘴勤腿懒。

手大遮不过天去。

手心手背都是肉，割去哪块心不疼？

手不摸虫，虫不咬手。

手不摸红，红不染手。

手里无钱，困死英雄好汉。

手里有钱腰根壮。

手里拿钱心里知。

手掌有肉，手背有骨。

手掌做得杀人刀。

手眼为活。

手当笔，地当纸，比我强的是老师。

手背朝下，方知求人之难。

手指朝里不朝外。

手指不能做门栓。

手熟为能，熟能生巧。

手把好不如家伙妙。

手打灯笼不知脚下亮。

手一双，口一张。

手面看不见手背。

手眼要活，腿脚当先。

手稳口稳，到处安身。

受屈人常在。

受业者亏。

受宠若惊，居安思危。

受得苦中苦，才能甜上甜。

受不得苦，享不得福。

受不得烟熏，就成不得佛。

受恩深处须先退，得意深时便可休。

受恩不报非君子。

受人滴水之恩，必当涌泉相报。

受了一声气，免受千声气。

受了小人恩，终身报不尽。

受了一方香火，就该保佑一方黎民。

受人之禄，必当忠人之事。

受人之托，忠人之事。

兽医多了治死牛。

瘦毛驴子嗓门高。

瘦死的骆驼比马大。

瘦马搭拉脖。

熟透的瓜，不知几时落蒂。

熟不拘礼，富而多文。

熟米不熟饭，糙米煮不烂。

蔬菜布帛，家常便饭。

书读千遍，其义自见。

书到用时方恨少，事非经过不知难。

书上有的我们学，书上没的我们填。

书无百日工。

书山有路勤为径，学海无边苦作舟。

书归正传，闲话少谈。

书囊无底。

书乃随身之宝。

书要简洁方为妙。

书不尽言，言不尽意。

书不表明不好听，话不分开别有因。

输了官司才想出理来。

鼠蛇两端，虎头蛇尾。

鼠小杀象，蜈蚣杀龙；蚁穴破堤，蝼孔崩城。

蜀道难行。

蜀犬吠日，吴牛喘月。

薯不见暑。

暑伏天，吃物要新鲜。

暑不登楼。

暑去寒来觉夜长。

数不尽的土粒，渡不尽的学海。

数面成故交。

竖起幡杆有鬼到。

树无根也就没有叶。

树干生得牢，不怕风来摇。

树欲静而风不止。

树摇叶落，人摇财散。

树影西斜，离高不远。

树打根起，烟打灶起。

树细能遮得人荫。

树挪死，人挪活。

树正哪怕日影斜。

树弯枝也斜。

树难禁利斧，人难禁谗言。

树有根就生枝，草有根就发芽。

树高于林，叶落归根。

树直死，人直穷。

树直用处多，人直朋友多。

树多痈，必多空。

树多出杂木，人多出圣人。

树多出杂木，人多出怪物。

树根不倒，树梢白摇。

树再高高不过天。

树要成林，人要成群。

树靠根，人靠心。

树木不砍不成材，人不教育不成才。

树木少了不成林，村子大了不齐心。

树木有大有小，身材有高有低。

树头生得稳，不怕冷风摇。

树头抱定了，随他树梢用力摇。

树倒无荫。

树倒藤蔓死。

树倒猢狲散。

树上果子有酸甜，家中儿女有愚贤。

树不打尖欺了天。

树不直，自己长的。

树不稳在先，事不稳在后。

树不修，不成材；人不教，不成人。

树不修不长，娃不管不成。

树不修，果不收。

树叶再稠，挡不住鹰眼。

树叶落在树底下。

树老焦梢，人老弓腰。

树老根还在，人死两丢开。

树老见根，人老见筋。

树老叶儿稀，人老把头低。

树老半空心，人老事事通。

树大荫死草。

树大有桠，村大有乞儿。

树大能锯倒。

树大根粗。

树大根深，母大子肥。

树大伤根，气大伤身。

树大挡风。

树大有枯叶。

树大成材，人小志高。

摔一跤，多抓一把沙。

拴着脖子的狗打不成猎。

拴得住人，拴不住心。

双桥好过，独木难行。

双手难捉两条鳝。

霜打枯根草，风冻无衣人。

霜天的弓，越拉越硬。

爽口不要多食。

谁跟自在有仇？

谁走的路远，谁到西天成佛。

谁身上的肉谁疼。

谁变蝎子谁蜇人。

谁弄脏了地谁扫。

谁怕钱扎手？

谁怕树叶落下来打头？

谁家林里无歪树？

谁家锅底上没黑？

谁有谁方便。

水里的月亮是镜子。

水滴积多盛满盆，谚语积多成学问。

水停百日生虫，人闲百日生病。

水流千里归大海。

水面无风起浪，其中必有大鱼。

水清不养鱼。

水流千遭归大海，树叶落在树底下。

水流千里归大海，人走千里归家来。

水浅不容大舟。

水浅养不了大鱼。

水里算出火来。

水里葫芦不沉底。

水打浅处过，话从捷处说。

水打浑了好捉鱼。

水深的河寂静，博学的人谦逊。

水深流水慢，智人话语迟。

水干鱼尽。

水过滩头劝不回。

水可行船，亦可覆船。

水借鱼，鱼借水。

水太清则无鱼，人太紧则无智。

水急好捕鱼。

水满则溢，月满则亏。

水往低处流，鸟往高处飞。

水净鹅儿飞。

水到渠成。

水涨船高。

水涨舟浮。

水滴石穿。

水至清，则无鱼；人至察，

则无徒。

水清鱼自现。

水不紧，车不转。

水不紧，鱼不跳。

水不离山，肉不辞骨。

水不离山，路不辞谷。

水不平要流，理不平要说。

水退石头在，好人说不坏。

水大漫不过船。

水火无情。

水落石出。

睡吃海干，坐吃山崩。

睡马不离槽。

睡多了梦长。

睡觉不蒙头，活到九十九。

睡觉不蒙首，清晨郊外走。

睡觉一小死，时刻要留心。

睡沉如小死。

睡觉高枕头。

顺藤摸瓜，寻根究底。

顺情说好话，耿直惹人嫌。

顺情终误己，轻信反求人。

顺水推舟。

顺手牵羊。

顺风吹火，用力不多。

顺风放火火烧人，岂料风回烧自身？

顺嘴衙役流嘴兵，他方话不可听。

顺着鸡毛找鸡，顺着蒜皮找蒜。

顺坡泼水，水哪有不流的？

说谎不要钱，只要说得圆。

说曹操，曹操到。

话大话，使小钱。

说真方，卖假药。

说人有嘴，看面须镜。

说你好的不一定是朋友，说你坏的不一定是歹人。

说你好，不要笑；说你坏，不要跳。

说的一尺，不如行的一寸。

说的方的，行的圆的。

说十遍不如看一遍。

说不出的才是苦，挠不着的才是痒。

说不上来拿人比。

说破大吉。

说破不准，道破不灵。

说书的嘴，唱戏的腿。

说一千，道一万。

说一不二。

说到做到，不放空炮。

说说笑笑，通通七窍。

说人前，落人后。

说话要知重轻。

说话你别疑，疑心没好话。

说话声放低，走路脚抬高。

说话时短，记话时长。

说话要顾前后。

说话一句像一句，说多了就没有用。

说话算话，不能变卦。

说话要落地，察事不过邻。

说话凭信用，用钱靠打算。

思先者为上，怕后者则晚。

思前想后，吃穿常够。

私中有过，忙中有错。

私凭文书官凭印。

私心用事，反乱自身。

死人口，没对证。

死马当活马医。

死后无仇。

死者不可复生。

死皇帝不如生叫化。

死生为邻。

死节气，活办法。

死要面子活受罪。

死活一身清。

死店活人开，买卖各自做。

死秤活人掌。

死病无良医。

死棋中间有仙着。

死脑瓜骨，斧子也劈不开。

死盘活秤。

四六不成材。

四两拨千斤。

四方发达男儿志，困守家中总是愚。

四通八达，面广腿长。

四面玲珑，八面叫响。

松不怕风，梅不怕寒。

松不落叶，石不发芽。

松树干死不下圩，柳树淹死不上山。

送佛送上殿，渡人渡上岸。

送人取好物。

送礼没利钱，一钱换一钱。

送礼不羞回礼羞。

送礼容易回礼难。

送行饺子接风面。

送行的饺子迎逢的面。

搜索枯肠，资材充盈。

苏州头，扬州脚，杭州好穿着。

苏州不断菜，杭州不断笋。

苏秦还是旧苏秦，换了衣裳没换人。

苏秦口，张仪舌。

苏杭两浙，春寒秋热；对面厮啜，背地厮说。

苏城街，雨后着绣鞋。

算账不薄人。

算计不通一世穷。

算小不算大。

算算用用，永远不穷。

算盘要拨拉，拳脚要踢打。

算盘子不饶人，节气不饶人，岁数不饶人。

算命若有准，世上无穷人。

算命不如敲核桃。

蒜地毁葱，离不了辣味。

蒜有百益，独不利于眼。

尿脬打人，臭名难当。

尿脬虽大无斤两。

虽有智慧，不如乘势。

虽有神药，不如少年；虽有珠玉，不如金钱。

虽鞭之长，不及马腹。

虽畏勿畏，虽休勿休。

随风两头倒。

随风倒舵。

随乡入俗，见机而作。

随口曲子自来腔。

随着榔头砸坷垃。

随方就圆。

随借随还，再借不难。

随处为家随处歇。

岁寒而后知松柏。

岁朝把笑，万事皆吉。

碎刀刀割的不疼。

碎麻搓成绳，能担千金重。

孙悟空跳不出如来佛的手心。

孙悟空再变也瞒不过二郎神。

损人利己。

损人不利己。

损友敬而远，益友敬而亲。

锁得君子，锁不住小人。

锁只防君子。

锁子不开是钥匙不对。

锁口纹，饿死人；眉过眼，使金碗。

所交在贤德，岂论富与贫？

# T

他仇我不仇，冤家即了休。

塌天大事一睡休。

踏破铁鞋无觅处，得来毫不费功夫。

踏过这山，遥看那山高。

苔下的韭，花下的藕。

抬轿是人，坐轿亦是人。

抬得高，跌得重。

抬得高，绊得响；登得高，望得远。

抬不起的刘阿斗。

泰山有灵，海水有信。

泰山压顶不弯腰。

太公钓鱼，愿者上钩。

太阳自东出，经自佛口出。

太阳虽暖不当衣，墙上画马人难骑。

贪多嚼不烂。

贪官不顾民穷，阎王不嫌鬼瘦。

贪馋的鱼儿易上钩。

贪婪的人永远也饱不了。

贪心不足蛇吞象。

贪心者见了寿衣就想死。

贪酒不顾身，贪色不顾命。

贪而无信。

贪胜不知输。

贪字近贫。

贪嘴掼掉命。

贪便宜者非君子。

贪便宜，失便宜，没有便宜到屋里。

贪小便宜吃大亏，不图便宜不上当。

贪小利，失大节。

贪小利，亏大本。

贪小利，大事不成。

贪小失大，惜指失掌。

滩底不过线。

弹琴知音，谈话知心。

弹琴费指甲，说话费精神。

弹琴不入牛耳。

谈虎色变。

谈心不见路途远。

檀木越老身越硬，苏木越老越心红。

坛口封得住，人口封不住。

探囊取物，轻而易举。

糖霜嘴，砒霜心。

糖面做的人虽精巧，他的心是空的。

糖甜一口，心甜一生。

堂前教子，枕边教妻。

堂前生瑞草，好事不如无。

螳螂捕蝉，黄雀在后。

塘里蛤蟆塘内游，井内蛤蟆井里浮。

塘里鱼逃不出溪。

塘中无鱼螃蟹贵。

躺着的聪明人，不如慢行的傻子。

掏钱难买回头看。

掏耳聋，剔牙稀。

淘浑了水好捉鱼。

陶者用缺盆。

桃饱李拉稀，酸味杨梅多吃些。

桃李不言，下自成蹊。

桃李满天下。

桃花岁岁皆相似，人面年年不相同。

桃花三月开，菊花九月开，各自等时来。

桃花开，杏花败，梨花出来叫奶奶。

桃花三月艳。

桃养人，杏害人，李子树下抬死人。

逃了和尚逃不了庙。

讨便宜是上当的后门。

讨好不得好，讨得一肚恼。

套住脖子的狗瞎汪汪。

套住脖子的猎犬不能打猎。

疼子恋母，喝米汤恋饭。

疼处怕碰着，欠债怕遇着。

疼落顺势，疼上倒利。

藤萝依青松。

藤萝绕树生，树倒藤萝死。

藤绕树，树缠藤。

踢人一脚，须防一拳。

梯子拦风拦不住。

剔牙缝充不了饥。

提防急中语，爱惜有钱时。

提着影戏上场，好歹别戳破这层纸。

体壮人欺病，体弱病欺人。

体面自家立。

体虚方可补。

剃头洗脚，胜如吃药。

替人祝福，自己得福。

天下官管天下民。

天下老的向小的。

天下太平。

天下本无事，庸人自扰之。

天下原来共一家，四海之内皆兄弟。

天下无不可教之人。

天下之事，非教无成。

天下无难事，只要不偏私。

天上下雨地下滑，自己跌倒自己爬。

天上飞的野鸭不能算碗菜。

天上星多黑夜明，地上树多成森林。

天上斑鸠，地上驴肉。

天上望一望，不如地下挖个塘。

天上有落也要起得早，起得迟也捡不到。

天上老鹰，地上主人。

天上丁雷公，地下丁房东。

天上石头下来自有着实。

天上众星皆拱北，世间无水不朝东。

天上下雨地上流，小夫妻打架不记仇。

天上无云不下雨，世间无人事不成。

天上落雨不落米。

天上的月亮指不得，有钱人家的闺女讨不得。

天上飞，也要地下落。

天上落金子，也要起得早。

天上无云不下雨，地上无媒不成亲。

天变雨落人变死。

天子脚下无贫亲。

天生我材必有用。

天坍下来地接着。

天坍自有高人顶。

天坍砸众人。

天堂地狱在人间。

天有不测风云，人有旦夕祸福。

天有黑夜不明，地有高低不平。

天有门，地有门，借债无门。

天有好生之德，人无酬天之心。

天有长短，人有忙闲。

天机不可泄漏。

天旱无雨期，人穷无口齿。

天干无露水，年老无人情。

天高不为高，人心第一高。

天不可违，时不可失。

天不转路转。

天不生无用之人。

天不言自高，地不言自厚。

天不怕，地不怕。

天无边，地无沿。

天无寒暑无节令，人无炎凉不世情。

天无绝人之路。

天无二日，人无二理。

天无一月雨，人无一世穷。

天无常圆之月，人无不散之席。

天无时不风，地无时不尘，物无所不有，人无所不为。

添人添碗筷。

添钱不如细看货。

添了言，添了钱。

甜欢喜，咸中意。

甜处人知，苦处己知。

甜的配辣的，吃了心里猫抓

的；甜的配咸的，吃了心里猫舔的。

甜瓜吃了千千万，苦瓜吃了在心头。

甜瓜儿嘴，苦瓜儿心。

填不满的枯井。

填不满的老鼠洞。

挑泥不上壁。

挑水的娶个卖菜的。

挑土成山，滴水成河，众志成城。

挑刺得好肉。

笤帚不吃亏，有柴又有灰。

跳蚤做事，连累虱子。

跳跳蹦蹦，没病没痛。

跳进黄河洗不清。

铁打公鸡，一毛不拔。

铁不炼不成钢，人不锻炼不健康。

铁棒磨针慢慢来。

铁树开了花。

铁不磨生锈，水不流发臭。

铁生锈则坏，人生妒则败。

听人劝，吃饱饭。

听了君一席话，胜读十年书。

听风就是雨。

听其言，观其行。

停手就停口。

庭院里养不出千里马。

铜墙铁壁。

铜钿眼里打秋千。

铜盆碰着铁扫帚。

铜罗汉遇见铁金刚。

铜盆烂了分量在。

同行不失伴。

同行是冤家。

同行胜仇人。

同行如敌国。

同行莫疏辈。

同行如同命。

同行相顾，同行必妒。

同床异梦。

同姓不攀亲。

偷之容易去之快。

偷得利而后有害。

偷一根针的人，也能偷一条牛。

偷点摸点，一辈子缺点。

偷穿不美，偷吃不胖。

偷风不偷月，偷雨不偷雪。

偷吃猫儿打不改。

投骨于地，群犬逐之。

投鼠忌器，爱屋及乌。

投井下石必遭恶报。

投师不明，学艺不高。

投亲不如住店。

投瓜得琼，抛砖引玉。

头雁光飞，群雁齐追。

头是宝库，舌是钥匙，眼是勇士，手是财富。

头上淋过大雨，脚下不怕露水。

头要冷，心要热。

头回生，二回熟。

头回上当，二回心亮。

头冷顾头，脚冷顾脚。

头发虽细，捆起来一把。

头醋不酸二醋酸。

头碰头，有兴头。

头痛滚蛋，肚痛打罐。

头痛医头，脚痛医脚。

头发胡须一齐剃。

头戴铁纱帽，心怀一把刀。

头生儿疼，老生儿娇，最苦的是中腰。

头淋不济，彻底事薄。

头尖额窄，毫无贵格。

头可斩，舌不可禁。

头锅饺子二锅面。

头车二车眼，三车不用赶。

头辣臂臊，吃萝卜吃腰。

头向北剃，拳向南打。

头上一把伞，脚下两块板。

头大脑子多。

吐出去的口水收不回来。

兔饱不出窝。

兔子不吃窝边草。

兔子急了也咬人。

兔子靠腿狼靠牙。

兔子回头凶似虎。

兔子成精比老虎厉害。

兔子啥时候也驾不了辕。

兔子逃跑不回头。

腿长沾露水，嘴长惹是非。

腿快不怕路远。

退后一步自然宽。

退一步，天高地阔。

退财折灾，忍气留财。

退位菩萨难做。

吞食鱼儿易上钩。

吞舟之鱼，登陆不能胜蝼蚁。

脱了初一，脱不了十五。

# W

挖出心来见得天。

挖眼不顾瞎。

挖破纸窗容易补。

挖去心头肉，医得眼前疮。

娃娃岁半，翻缸打罐。

娃娃不要打，防止成傻子。

娃娃不哭奶不胀。

瓦罐不离井上破。

瓦片也有翻身日，困龙也有上天时。

瓦有三搭头，子孙不要愁。

瓦窑书馆，独力难成。

袜底扶不到脚面。

歪嘴讲直话，歪竹出直笋。

歪嘴桃，撇嘴杏，男儿不嫌就是正。

歪嘴和尚念不出好经。

歪脚俏，脱脚妙，不歪不脱没人要。

外头偷板，屋里失门。

外头赶兔，屋里失獐。

外面摆阔气，家里没得吃。

外面用大车拖，锅台上还要攒。

外面风火墙，里面开不得场。

外面用大车撵，还要家里锅台上攒。

外面打倒画眉鸟，屋里跑掉老母鸡。

外甥随舅，侄女随姑。

外甥姑丈，半子之分。

外家不是生根处。

外貌容易解，内心最难猜。

外科没好，手狠药好。

外来和尚会念经。

外行人看不懂，内行人看笑话。

外行看热闹，内行看门道。

外行瞒不过内行。

剜到篮里就是菜。

剜进筐里就是菜。

挽弓当挽强，用箭当用长。

弯木要过墨，横人要过理。

弯木头，直木匠。

弯曲的古树难成材。

玩花人，说花香；卖药人，说药方。

玩乐不知日子过。

玩火的会被火烧死，玩水的会被水淹死。

晚穷不如早打算。

碗大勺子有准。

万里千山一局棋。

万里江山一点墨。

万恶皆由"私"字起，千好都从"公"字来。

万恶淫为首。

万丈高楼从地起。

万无一失。

万川归海，而海不盈。

万病一针，病情要分。

万众一条心，土沙变成金。

万物本乎天，人本乎祖。

万物生于土，万物归于土。

万变不离其宗。

万人搬动太行山。

万事钱当老。

万事农为本。

万事食为先。

万事尽从忙里错。

万事起头难。

万事不如亲下手。

万事劝人休瞒昧，举头三尺有神明。

万事只怕比，一比心里明。

亡羊补牢，未为晚也。

网烂莫把网绳烂。

望风掌舵。

望天讨价，着地还钱。

望山跑死马，望鱼馋死人。

望人好，自己好。

忘恩负义。

忘性脑子大。

威风凛凛像虎，胆量微微像鼠。

为富不仁，为仁不富。

为善最难，为恶难逃。

为善鬼神钦，作恶被天谴。

为善无近名。

为人不怕有错，就怕死不改过。

为人不做亏心事，半夜敲门心不惊。

为人本分守清贫，不义之财不可亲。

为人容易做人难。

为人不当家，当家累如麻。

伪君子，真小人。

伟人屡出于茅屋，高贵不离于城廓。

为嘴伤身，坐吃山空。

为了园子薄了地。

为了一张嘴，跑断两条腿。

为了人情好待客。

为财而生，不如为众而死。

为了学会游泳，必须钻进水中。

为朋友两肋插刀。

为朋友卖了黄膘马。

喂的鸡多，下的蛋多。

喂鹰别喂饱。

喂牛得牵，喂马得骑。

喂的蚕多，做的茧多。

畏己贫，忧人富。

畏事多事，好事无事。

未曾学打先学挨，未曾学喂先学抬。

未曾点香叩了拜。

未曾水来先垒坝。

未曾立法，先想结束。

未雨绸缪。

未做贼，心不惊；未食鱼，口不腥。

未有灯光之火，先有烧天之意。

未有送客不分手的。

未进先防退。

未立品，先立志。

未算买，先算卖。

未修佛果，先结人缘。

未见君子，不知佞臣。

未晚先投宿，鸡鸣早看天。

未讲先笑，未必正道。

未肥假喘。

未病先服药。

卫生搞得好，疾病不来找。

位尊身危，财多命殆。

温卷有益。

温柔招嫌少，刚强惹祸多。

文章要上口，笔杆不离手。

文章要写好，腿脚要多跑。

文明经商。

文经武纬。

文不弃墨，武不弃枪。

文不借笔，武不借刀。

文不通风，财不现白。

文能挑花绣朵，武能打柴燎火。

文看前七行。

文在精，不在多。

文急印信，武急号令。

蚊虫招扇打，只为嘴伤人。

蚊因口亡。

蚊子叮石臼，冬瓜撞木钟。

闻音知鸟，闻言知人。

闻鼓而进，闻金而退。

闻败勿馁，闻胜勿骄。

闻得好看，见得平常。

稳当驶得万年船。

稳的不滚，滚的不稳。

问遍万家是行家。

问病下药才算真。

问症下药，与病相合。

瓮中捉鳖，手到擒来。

窝里斗，外人笑。

我不认识何等为君子，但看每事肯吃亏的便是。

我不认识何等为小人，但看每事好便宜的便是。

我不怨人，人谁怨我？

我不害人，人不害我；人之害我，由我害人。

我为人人，人人为我。

乌云遮不住太阳。

乌字落在白纸上，有凭据。

乌鸦不要笑话乌鸦。

乌鸦站着是乌鸦，飞起来还是乌鸦。

乌鸦骑驴嘴朝前。

乌龟不说鳖，大家水里歇。

屋内烧火，屋外冒烟。

屋檐水也能滴穿石。

屋漏更遭连夜雨，行船又遇打头风。

屋里无灯望月出，身上无衣望天热。

屋里屋外勤打扫，身体健康生平好。

屋里点灯外头亮。

呜呼哀哉，人死难猜。

梧桐树虽大，里空虚；井水虽深，里无鱼。

梧桐叶一落，天下尽知秋。

无私才能无畏。

无可奈何花落去。

无论瓶子碰石头，还是石头碰瓶子，吃亏的总是瓶子。

无情岁月增中减，莫到白首空悲切。

无事不请客。

无事小神仙。

无事少上街。

无事嫌夜短，有事恨天长。

无事骂人三分罪。

无事不登三宝殿。

无事人睡得安稳觉。

无事勤扫屋，强如上药铺。

无事时要提防，有事时要镇定。

无事少闲串。

无风不会起尘，无故不会起祸。

无风不起浪。

无风草尖不动，无云雪花不飘。

无风寒也好，无债穷也好。

无风不起浪，有水才行船。

无风不起浪，有烟就有火。

无风三尺浪。

无风树不响。

无风草不动。

无钱命作主。

无钱着鬼迷。

无钱卦不灵。

无钱寸步难行。

无钱休入众，遭难莫寻亲。

无钱信空宝，越想越苦恼。

无钱无势养狗也要关，有钱有势养猪满田放。

无病休嫌瘦，身安莫怨贫。

无病便是福。

无功受禄，寝食不安。

无功不受禄。

无中生有，画蛇添足。

无针不引线，无水不行舟。

无本难求利。

无娘鸟，满天飞；无娘女，绕家嘻。

无娘的孩避墙根，无爹的孩贵千金。

无娘儿，天照顾。

无零不成账。

无丑不显俊。

无巧不成书。

无根萍不能贴地。

无言不当哑。

无奸不显忠。

无赊不成店。

无志山压头，有志能搬山。

无剑能杀人，莫甚于毒舌。

无能者无所求。

无药可医真病。

无狐魅，不成村。

无欲则刚。

无天理哪有志理。

无端获福，祸必从之。

无才斗力，有才斗智。

无骨之虫，见油必死。

无缘对面不相逢，有缘千里能相会。

无宝不成山。

无江西人不成口岸，无湖南人不成码头。

无声无息的狗咬死人。

无辜受累，因祸得福。

无常一到，性命难保。

无书不益人。

无赃无证不成贼。

无驾可追出口言。

无柴不落山。

无谎不成书。

无口石碑，无腹石鼓。

无云不下雨，无风树不动。

无潮水自平。

无天于上，无地于下。

无米嫌闰月。

无理的不做，反味的不吃。

无商不奸。

无咸不成甜。

无唇不揽吹箫活。

无古不成今。

无根不拉藤。

捂捂盖盖脸皮黄，冻冻晒晒身体强。

捂得了疤，捂不了秃。

忤逆还生忤逆子，孝顺还养孝顺郎。

忤作子帮了活死人。

五马六羊七牛肉。

五马六羊，七月狗肉不能尝。

五更不算早，更有早行人。

五更灯火五更鸡，正是男儿苦读时。

五岳归来不看山。

五百年前共一家。

物以类聚，人以群分。

物有千变，人有万变。

物见本主会说话。

物丰于所聚，利竭于所产。

物缺为贵。

物以稀为贵。

物不平则鸣。

物要防烂，人要防懒。

物有相似，事会出错。

物高价出头。

物无定味，适口者好。

勿要气，只要记。

勿同人争，要同命争。

勿懂勿怕，半懂半怕，全懂全怕。

勿争闲是非，免劳神伤气。

勿贪意外之财，勿饮过量之酒。

# X

西天虽远日子熬。

西瓜黄香梨，多吃坏肚皮。

西瓜当面切，才知红与白。

西瓜同蟹，不识莫买。

西皮二簧，假充内行。

犀牛望月。

蟋蟀无毛难过冬。

溪中萍，随水流。

惜物如惜福。

惜气养神。

惜花花结果，爱柳柳成荫。

习惯成自然。

觋公自会吹牛角。

洗澡不出汗，等于白洗涮。

洗头洗脚，强如吃药。

洗心得真诚，洗耳徒买名。

喜鹊窝里无老鸦。

喜时之言多失言，怒时之言多失理。

喜酒闷茶无拒的烟。

细工出巧匠。

细火煨粥慢慢烧。

细水长流，吃穿不愁。

细水长流，精打细算。

细水长流远，挥霍不久长。

细水长流无穷远，大吃大喝不久长。

细水长流，不焦不愁。

细水长流年年有，好吃懒做福不久。

细水长流能穿石。

细心不会耽误工夫。

细雨能打湿衣裳。

戏法人人会变，各人巧妙不同。

戏台大家搭，戏要大家唱。

戏假情真。

虾子虽小却能遨游大海。

瞎猫逮了个死耗子。

瞎话是一股风。

瞎钱用掉千千万，没有买块豆腐烫烫心。

瞎猫碰着死老鼠。

瞎子靠杖，杖靠瞎子。

瞎子有人牵，跛子有人扶。

瞎子精，聋子灵。

夏不借扇，冬不借火。

夏吃萝卜冬吃姜，饿煞街头卖药方。

夏不睡石，冬不困板。

夏虫不知冰。

下海方知海水深，上山才晓山难行。

下流不可学。

下棋千着，全看最后一着。

下棋不语真君子，落子无悔大丈夫。

下山容易上山难。

下雪不冷化雪冷。

下雪是个名，打霜冻死人。

下雨先烂出头椽。

先下手为强，后下手遭殃。

先甜后苦，先苦后甜。

先尽其内，后尽其外。

先敬罗衣后敬人。

先死为尊。

先尽人事，后听天命。

先入为主。

先进山门为师，后进山门为徒。

先做人头，后做人脚。

先做学生，后做先生。

先生不过引路人，巧妙全在自用心。

先生引进门，修行在个人。

先留人情，后好相见。

先难后易，由苦得甜。

先胖不为胖，后胖压塌炕。

先尝后买。

先行交易，择日开张。

先正自己，后正他人。

先国难，后私仇。

先虑败，后虑胜。

先断后不乱。

先明后不争。

先小人，后君子。

鲜姜属老的辣。

鲜鱼要烂，先从肚里。

鲜花嫩草的美丽，牛是不懂的。

仙人识仙人。

闲中觅伴书为上，身外无求睡最安。

闲冷闲冷，越闲越冷。

闲成懒虫。

闲懒闲懒，越闲越懒。

闲人有忙事。

闲话少说没是非，夜饭少吃没疾病。

闲言未必真，听言听三分。

闲言闲语，不可尽听。

闲者出气均匀。

闲事要管，免得出乱。

闲时办下忙时用。

咸鱼头不送酒，烧猪肉不送饭。

贤不责愚。

贤不荐医，智不荐药。

嫌货正是买货人。

现官不如现管。

现买现卖。

现教的曲唱不得。

线放得长，鱼钓得大。

线穿针来针连线。

相情相不得理。

相识满天下，知心有几人。

相思之甚，寸阴若岁。

相随心生，相随心灭。

相信眼睛，比相信耳朵强。

乡下无泥汉，饿死城里人。

乡下狮子乡下调。

乡下龙灯乡下舞。

乡下风，城里雨。

乡里鼓，乡里擂。

乡风处处异。

香头大的窟窿斗大的风。

香头一把火，终身无结果。

香椿树中王。

想活九十九，饭后百步走。

想拾横财一世穷。

想巧必错。

想自己，度他人。

响鼓多重敲，呆人多嘱教。

响鼓不要重打，灵人不要多言。

巷深狗恶。

向阳的房子先得暖。

向理不向人。

向上抛石头，留心自己头。

像不像，三分样。

像土崖似的坍塌，不如像石岩似的崩裂。

象牙筷上找裂缝。

象疯了还得象拿。

象以齿丧身，蚌以珠剖体。

相马失之瘦，相士失之贫。

相面不留情，留情就不灵。

销魂蓝，勾魂白。

逍遥做买卖，谨慎务庄稼。

消忧莫若酒，救贫莫若勤。

小巫见大巫。

小卒过河，车马得挪。

小卒子过河能吃车马炮。

小风能叫花瓣绽开，大风却把花朵吹落。

小树虽绿未成荫。

小鱼翻不起大浪，小虫能蛀烂大梁。

小溪声喧哗，大海寂无声。

小数怕长算，零数怕整算。

小病不治成大病，漏眼不塞大堤崩。

小毛驴使不出黄牛劲。

小人言语多，坏人主意多。

小人偏爱吵嘴，无角牛偏爱顶撞。

小人口如蜜，转眼若仇人。

小人自大，小水声大。

小心无大错。

小心天下无难事。

小心不怕多。

小心强于烦恼。

小心不怕多，有礼不在迟。

小孩无杂病。

小孩不可欺。

小孩子没娘，说来话长。

小孩尿，灵丹药。

小孩能担十分病。

小孩吃寸奶。

小孩要领，小树要修。

小孩上学，野马入栏。

小孩不能惯，一惯定有乱。

小儿不畏虎。

小儿无诈。

小娃服妈管，豆腐服酸汤。

小娃儿懒，没人管；小娃儿勤，爱死人。

小娃儿口里扎不住话。

小囡吐涎唾，一个还一个。

小囡说大话。

小囡不装病。

小时享福不为福。

小燕笑着来，大雁哭着走。

小不敌大，寡不敌众，弱不敌强。

小不忍则乱大谋。

小咸鱼做不得猫枕头。

小公鸡出了蛋壳就不认娘。

小鸟展翅看大鸟。

小洞不补成大洞。

小事是大事的根。

小钱不去，大钱不来。

小戏法，大排场。

小笼子盛不住大鸟。

小屈必有大伸。

小辣椒更辣。

笑笑说说散散心，不笑没话要成病。

笑面虎咬人不见血。

笑在面上，恨在心里。

笑里藏刀。

笑长命，哭生病。

笑冬不笑夏，光着身子也害怕。

笑多没神气，哭多没眼泪。

笑是哭的根。

笑脏笑破不笑补，笑懒笑馋不笑苦。

笑脏不笑烂。

笑一笑，十年少。

笑一笑，少一少；恼一恼，老一老。

笑脸求人。

歇肩莫歇长，走路莫走忙。

斜理千种，真理一条。

邪神见不得正神，好脚连着痛脚。

卸磨杀驴。

辛苦讨得快活吃。

心一疏忽，万事不入耳目。

心坚不怕路途远。

心不在，手不灵。

心里的肮脏说出来就没有了，衣服的污垢洗过后就没有了。

心有灵犀一点通。

心正笔正。

心正不怕人说，脚大不怕滑擦。

心正不怕雷打。

心正不怕影儿斜。

心慌无智。

心慌不在一时。

心慌吃不了热粥，走马看不了"春秋"。

心里的秘密，眼睛里露出来。

心为一身之主。

心到神知。

心直口快。

心用则灵，不用则滞。

心记不如墨记。

心坚石也穿。

心中有病，心神不定。

心中有事一身重，心中无事一身轻。

心口两条道。

心不负人，面无惭色。

心善何用巧机关？

心厚压着肝。

心猿不定，意马难拴。

心平气和，五体安宁。

心软不治事，面软不治家。

心欢返少年。

心越用越灵。

心不正，行不稳。

心不病，脸不黄。

心烦事多，心忙事乱。

心实不怕火来烧。

心明不如口明。

心静自然凉。

心去人难留。

心要热，头要冷。

心粗性躁，一生不济。

心要慈悲，事要方便；残忍刻薄，惹人怨恨。

心惑似狐疑。

心志要苦，意趣要乐。

心酸莫向路旁啼，谁是知心知意的？

新来人，摸不着门。

新生的孩无六月。

新缸不及旧缸光。

新账不清还旧账。

新打锣鼓另开戏。

新书不厌百回读。

新蒜解麦毒。

新病好医，旧病难治。

新官上任三把火。

新姜出芽旧姜老。

新池无大鱼，新材无长木。

新年还是旧年人。

信情不如信理。

信则有，不信则无。

信医不信巫。

星星之火，可以燎原。

星星跟着月亮走，彩云绕着太阳行。

兴一利，除一害。

惺惺惜惺惺。

腥锅里熬不出素豆腐。

行船走马三分险。

行船靠舵手。

行船不怕顶头浪，走路不怕路不平。

行船看风道。

行如风，坐如钟，立如松，卧如弓。

行不履险，立不临危。

行要好伴，居要好邻。

行得正，做得正。

行得正，坐得稳。

行好事不求人见，存良心只有天知。

行医不自医。

行了乌云遮了星。

行满天下无怨恶。

姓敢的遇上姓猛的，合一块敢上天戳窟窿。

胸无大志，枉活一世。

胸中燃烧炽烈的火焰，也别使鼻孔冒出浓烟。

胸中有了大目标，泰山压顶不弯腰。

凶星退处，吉星照临。

凶狼难敌众犬，好手难打双拳。

雄鹰不怕大山高，海燕不怕暴风雨。

熊罴眼直，恶人横目。

修房补漏趁天晴，读书学习趁年轻。

修边垒岸，里砌外垫。

修桥补路头一功。

修仙修身难修性。

修身如执玉，积德胜遗金。

修书不如面达。

休争闲气，日有平西。

羞刀懒入鞘。

绣花针对铁梁，大小各有用场。

绣花枕头一肚草。

袖头打领，腋下剜襟。

秀才遇到兵，有理讲不清。

秀才不出门，能知天下事。

虚言折尽平生福。

虚心的人学十算一，自满的人学一算十。

虚心人万事做成，自满人十事九空。

虚心竹有低头叶。

虚伪的朋友，遇事常点头哈腰。

虚打实不过。

虚夸像纱衣，好看不遮体。

须看眼色行事。

须向根头寻活计，莫从体面做功夫。

许人一物，千金不移。

许愿不还愿，说话不兑现。

许死人，想死人。

絮被上面跌死人。

学做鲲鹏飞万里，不当燕雀恋子巢。

学无老少，能者为师。

学无前后，达者为师。

学必好问。

学问学问，不懂就问。

学海无涯勤可渡，书山万仞志能攀。

学善如爬壁，学恶一下成。

学坏容易学好难。

学会百艺不压人。

学会羊角疯，也能吓人。

学者如牛毛，成者如麟角。

学习如赶路，不能慢一步。

学习从来无捷径，循序渐进登高峰。

学习自己要用心，先生不过引路人。

学习学习，要学要习。

学习自用心，师父领进门。

学习要口勤，勿装明白人。

学习要虚心，自满是敌人。

学习多了如明灯，不学习的如盲人。

学习多了心自明。

雪怕太阳草怕霜，过日子怕的是铺张。

雪里埋不住死尸。

雪里包不住火，火里藏不住人。

雪水烹茶无上味。

血气之怒不可有，礼义之怒不可无。

寻快活，看冷清。

寻干道，穿新鞋。

寻死的乌鸦找鹰斗。

徇情多烦恼，刻薄永无忧。

# Y

鸭不怕冷，酒不结冰。

鸭吃别人谷，下蛋是自己的。

鸭行老板管闲事。

鸭子有翼不会飞。

鸭子听雷，不知所云。

压在心头的话，酒能赶出来。

丫头哭娘，真心真意。

丫头女婿，连心连肺。

鸦雀堂前叫，不久有客到。

鸦雀窝门不通风。

崖鹰不抓窝下食，好鬼不害自己人。

牙硬磨不过石头。

牙疼长，腿痛短。

牙疼不算病，疼起来真要命。

牙齿有时也会咬到舌头。

牙齿虽稀，可光想吃好的。

牙齿硬了虫吃，舌头软了虫不吃。

牙齿咬得铁钉断。

衙门深似海，罪恶大如天。

衙门口，朝南开，有理无钱莫进来。

衙门人的脸，二八月的天。

衙门里有亲人，赛如花金银。

衙门八字开，有理无钱莫进来。

衙门钱，有眼无边填。

哑巴吃黄连，有苦说不出。

哑巴蚊子咬死人。

哑巴比划，聋子打岔。

哑子做梦说不得。

雅不好斗，雅不嗜酒。

淹死的都是会水的，翻车的都是好把式。

烟是活气草，大家吃了大家找。

烟火不分家。

胭脂马，好看不好骑。

言而有信真君子，反复无常是小人。

言者心之声，衣者身之表。

言论的巨人，行动的矮子。

言人之恶，痛于矛戟。

言人之善，泽于膏沐。

言不乱发，发必当理。

言不乱发，笔不妄动。

言多必失。

严霜单打独叶草。

严师出高徒。

严是爱，松是害，不管不教要变坏。

严寒过去一定是春天，乌云背后一定有太阳。

严以治己，宽以待人。

盐多不烂糟。

盐粮两道，各管一号。

盐皆那么咸，醋皆那么酸。

掩了耳朵听喇叭。

掩了鼻子吃酸醋。

掩耳盗铃，欺人又自欺。

眼睛乌珠黑，铜钱银子白。

眼睛眨一眨，肚里在设法；眼睛闭一闭，肚里打主意。

眼睛大的人不一定看得清。

眼睛虽小，可以看到世界。

眼睛不识宝，灵芝当蓬蒿。

眼睛里揉不进沙子。

眼是观宝珠，耳是试金石。

眼邪心不正。

眼痛鼻子病。

眼跳心惊，坐卧不宁。

眼大手小，啥也干不了。

眼界无穷世界宽。

眼大要有神，耳大要有轮。

眼大肚皮小。

眼中钉，肉中刺。

眼是孬种，手是好汉。

眼如刁钩手如秤。

眼孔浅时无大量，心田偏处有奸谋。

眼怕手不怕。

眼眨眉毛动，有肉骨头硬。

眼不见为净。

眼瞎路熟。

眼角水，不是英雄泪。

眼见为实，耳闻是虚。

眼前生计，勿荒于嬉。

眼前苦，往后甜，凡事要往前看。

燕麦尖尖荞麦陇，十里风俗大不同。

燕雀安知鸿鹄之志？

燕赵妇人美如玉。

燕巢幕上，栖身难安。

燕子识旧巢。

燕子不吃落地的，鹁鸪不吃喘气的。

燕子养儿空劳力。

燕子衔泥一场空。

雁怕离群，人怕掉队。

雁飞千里靠头雁。

雁过拔毛。

雁过留声，人过留名。

雁过有个影儿。

雁不过南不寒，雁不过北不暖。

雁无头，飞不齐。

雁无头不飞。

雁来燕去换春秋。

砚田无荒岁。

谚语出自胸中，花草出自山中。

央人不如求己。

秧好一半谷，妻好一半福。

洋阔有边，海深有底。

羊入虎口，必死无疑。

羊毛出在羊身上。

羊毛笔戳得死人。

羊毛搓绳，力大千斤。

羊皮盖不住狼心肠。

羊吃碰头草。

羊有跪乳之恩，鸦有反哺之义。

羊肉包子顺气丸。

羊死不合眼。

羊羹虽美，众口难调。

羊羔跪乳，乌鸦反哺。

羊眼勿死，狗脚勿折。

羊群走路靠头羊，走路要有带路人。

羊群里跑不出骆驼。

羊群里跳出骆驼来。

羊马比君子，情屈命不屈。

阳春市得泽，万物生光辉。

阳春有脚。

阳间有钱买得命，阴府有钱赎得魂，有理无钱难做人。

阳光是宝，越晒越好。

扬汤止沸，不如釜底抽薪。

扬一益二。

养兵千日，用兵一时。

养坏人，不如养好狗。

养牛知牛性，惜马得马骑。

养性须修善。

养病不养闲。

养儿随叔，养女随姑。

养儿像爷，养女像娘。

养儿养女往上长。

养儿方知父慈。

养德千年，丧德一日。

养花一年，看花十日。

仰头一刀，缩头也是一刀。

仰窗合门，立木顶千斤。

仰不愧于天，俯不怍于人。

痒要自己抓，好要别人夸。

痒处有虱，怕处有鬼。

痒处不去抓，痛处出力挖。

样子家家有，替了样子替不了手。

腰杆没有劲，说话是软的。

腰粗力气足。

腰里无钱活死人。

腰里劲，本里壮。

腰缠万贯，不如一艺在身。

摇扇来凉，总不如吹风。

谣言腿短，理亏嘴软。

窑中找蛇，石中捣蚰。

咬人的狗不露齿，不咬人的狗瞎汪汪。

咬败的鹌鹑，斗败的鸡。

咬牙齿儿不露牙。

要学武松打虎，不学东郭怜狼。

要学鸿鹄志，展翅破青天。

要知父母恩，怀里抱儿孙。

要无闷，安本分；要无愁，莫妄求。

要离药罐，洗手吃饭。

要走西天路，须闯千重关。

要脸不要脸，只看有钱没钱。

要饱早上饱，要好自己好。

要价无多，还价无少。

要享福，常知足。

要宜勤，不宜懒；要宜早，不宜晚。

要教儿子游泳，莫教儿子爬树。

要用是宝，不用是草。

要成人，自成人。

要驴子好，又要驴子不吃草。

要热是火口子，要亲是两口子。

要无忧，莫妄求。

要儿自养，要书自讲。

要足何时足，知足便是足。

要问黑心人，吃素人里去寻。

要龙要虎，不如要土。

要快得慢。

要孩亲生，要谷自种。

要延寿，常存厚。

要让狗儿叫，给它棍子看。

要通今古事，须读五车书。

要言不烦。

要穿趁样子，要吃趁牙齿。

要打铁，自把钳。

要打当面鼓，莫敲背后锣。

要知真底细，须问知根人。

要知田中事，乡间问老农。

要知山中事，请问打柴人。

要知下山路，须问过来人。

要知天下事，需通古今书。

要知天下事，须交天下友。

要知朋友心，就看朋友待别人。

要知前代看后代。

要想人不知，除非己不为。

趣味俗语

要想好，自己找。

要想混得好，计算要周到。

要想身体好，娶妻别过早。

要想日月长，必须算细账。

要想不湿脚，就得支船钱。

要想身体好，吃饭别太饱；要想身体好，天天要起早。

要得事合理，拿人比自己。

要学惊人艺，需下苦工夫。

要学巧，到处跑。

要捉狐狸，就要比狐狸更狡猾。

要收庄稼，先播种子。

钥匙不能劈柴，斧子不能开锁。

药对方一口汤，不对方一水缸。

药好不用尽摇铃。

药书抄过三遍毒死人。

药治不死病，无病无药医。

药治有缘人。

药养不如食养。

药不治假病，酒不解真愁。

药有八百八味，人有四百四病。

药到病除。

药虽好，不如不害病。

药无分贵贱，野草是灵丹。

药苦能治病，甜言能误人。

药灵不在多少。

药方无贵贱，效者是灵丹。

药农进山只见药草。

野花上床，家败人亡。

野雀搭窝斑鸠住。

野鸡钻头不顾尾。

野马归槽，私盐归店。

夜盗恨明月。

夜不观色。

夜长梦多。

夜饭省一口，活到九十九。

夜雨日晴，天下太平。

夜月家家共。

夜静水寒鱼不饵。

夜猫子进宅，无事不来。

叶黄草衰，发白人衰。

叶落归根。

医生自病不能医。

医得身，医不得心。

医得眼前疮，剜却心头肉。

医药本同宗。

衣贵洁，不贵华。

衣不如新，人不如故。

衣裳虽破，里面还有个人。

衣帽好不如容貌好。

依酒三分醉。

依神神跑，依庙庙倒。

依着破鞋踏着脚。

依靠旧鞋必伤脚。

依人都是假，跌倒自己爬。

一场秋雨一场寒，十场秋雨就穿棉。

一起吃才甜，一起抬才轻。

一木叫树，百木叫林。

一处不到一处迷。

一条小毛虫，能把树挖空。

一俊遮百丑。

一损俱损，一荣俱荣。

一懒生百病。

一羽示风向，一草示水流。

一网打不尽天下鱼。

一醉解千愁，酒醒愁更愁。

一误不可再误。

一乡一俗，一湾一曲。

一脉不活，周身不遂。

一人作恶，千人遭殃。

一人开井，万人饮水。

一人知识有限。

一人得道，鸡犬升天。

一年被蛇咬，十年怕井绳。

一年之计在于春，一日之计在于晨。

一年之计在于春，一生之计在于勤。

一日三笑，不用吃药。

一日不见如三秋。

一个地区，一种方言；一个喇嘛，一种信念。

一个巴掌拍不响，独木难撑大瓦房。

一个老子能养活十个儿，十个儿养不起一个老子。

一个大钱争红眼。

一个人情做到底。

一个篱笆三个桩，一个好汉三个帮。

一个萝卜一个坑。

一个和尚挑水吃，两个和尚抬水吃，三个和尚没水吃。

一毁三不成。

一番江水一番鱼。

一番生意两番做。

一张嘴，两扇皮。

一竹竿插不到头。

一冷天下寒。

一着输，着着输，三着不出车，满盘都是输。

一鞭一道痕，一掴一掌血。

一盛必有一衰。

一鹧鸪一山头。

一了百了。

一动不如一静。

一龙九种，种种各别。

一锹不能成井。

一骡驮草一骡吃。

一客不扰二主。

一白遮十丑。

一虚百虚。

一失足成千古恨，再回头已百年身。

一锥子也是疼，一刀子也是疼。

一路来，一路去。

一眼瞧高，一眼瞧低。

一理通，百理明。

一念之差，终身之累。

一举成名天下闻。

一篙子打一船人。

一棵树成不了花园。

一根火柴火不旺，一块砖头难砌墙。

一根骨头能哄两只狗。

一根筷子容易折，十根筷子硬如铁。

一样饭喂百样人。

一样鱼吃一样水。

一样人情两样看。

一样个米供给百样个人。

一样生，百样死。

一样树开百样花。

一样不会不算巧。

一足不成步，独掌不成声。

一手独拍，虽疾无声。

一口不能吃一个饼，一天不能打一口井。

一口吃不成一个胖子。

一嘴的阿弥陀佛，一肚子的不良之心。

一嘴吃不成胖子，一步迈不到天上。

一嘴两舌头。

一嘴蜜，一肚脓。

一碗饭养七十二等人。

一碗不饱两碗饱。

一碗米养恩人，一担米养仇人。

一碗凉水看到底。

一碗米望天下。

一碗不盛，两碗现在。

一顿吃伤，十顿吃汤。

一顿不饱顿顿饿。

一顿不饱十顿饥，一夜不宿十夜眠。

一时聪明，一时糊涂。

一时强弱在于力，万古胜负在于理。

一时疏忽，终身遗憾。

一时韭菜一时葱。

一时风，一时雨。

一时欢乐一时仙，不怕明日塌了天。

一回知百回。

一回生，二回熟。

一心不可二用。

一心分开，两下不便。

一心注念，两面光鲜。

一饱为足，十饱伤人。

一叶既动，百枝皆摇。

一叶知秋。

一叶遮目，看不见泰山；两豆塞耳，闻不见雷鸣。

一锅菜，有咸有淡；一树果，有酸有甜。

一锅子面烂到底。

一遍拆洗一遍新。

一遍功夫一遍巧。

一次生，二次熟，三次跑大路。

一次相交两次熟。

一次说了谎，到老人不信。

一次失人格，到老没趣味。

一福能压百祸，一正能克诸邪。

一福压百祸，寸草遮大风。

一夫当关，万夫莫开。

一娘生九子，连娘十条心。

一娘生九子，九子不像娘。

一座山头一只虎。

一山不容二虎。

一龙生九种。

一拳去，一脚来。

一问三瞪眼。

一死一走，万事皆了。

一死无大难。

一朝认识，千日朋友。

一分行货一分钱，一分价钱一分货。

一分精神，一分事业。

一分耕耘，一分收获。

一枝动，百枝摇，牵一毛而动全身。

一只脚难走路，一个人难成户。

一只坏梨，能坏一筐。

一只鹭鸶找不到吃。

一生儿女债，半世老婆奴。

一生道德丘山重，二字功名草芥轻。

一世看不到自己的后脑壳。

一世劝人以口，百世劝人以书。

一世不走草，走草挨蛇咬。

一夜不宿，十夜不足。

一夜吃饭，不如一夜歇力。

一夜无眠，九夜睡不尽。

一夜不困，十日不醒。

一夜的夫妻百夜的恩，百夜的夫妻情比海深。

一夜不眠，十日不安。

一粒火星，烧了万里江山。

一粒杨梅也是意。

一物服一行。

一物不许二主。

一物不成，两物见在。

一物一行，行行出状元。

一物降一物，卤水点豆腐。

一步迈不到北京城。

一步差三事。

一步一个脚印。

一步挪不动二指。

一步走错百步歪。

一步两脚踪。

一步赶不上，步步打急慌。

一文钱不落虚空。

一分辛劳一分才。

一分精神一分财，十分精神财就来。

一分利胀死，十分利饿死。

一分汉子一分理，十分汉子全有理。

一分胆量一分福。

一分钱，一分货；十分钱，买不错。

一颗胡椒能顺气。

一颗菜籽打不得好多油。

一言既出，驷马难追。

一言重九鼎。

一不做，二不休，搬倒葫芦洒了油。

一不积财，二不结怨，行也安然，走也方便。

一把火烧不热整个海的水。

一文钱难倒英雄汉。

疑人不用，用人不疑。

疑鬼就有鬼。

宜恶不宜善。

宜从大处落墨，莫向针头削铁。

以义为利。

以子之矛，攻子之盾。

以己度人，未尝不同。

以逸待劳，有备无患。

以浅见深。

以本求利不算好。

以计代战一当万。

以色事他人，能得几时好？

以盲扶盲，俱堕沟中。

以歪就歪，随机应变。

以熟为熟。

以貌贬人非君子。

以理服人心服，以力服人身服。

易得来，易得去。

易求无价宝，难得有情郎。

易涨易退山河水，易反易复小人心。

意粗性躁，一事无成。

意志能移山。

艺高胆大，艺多不精。

艺不压身。

艺不传二家。

艺是在本身。

义鸟百家飞。

义动君子，利动小人。

义好水也甜，话好也值钱。

议婚夸不尽的富贵，成亲说不完的艰难。

阴天不觉日头高。

阴地不如心地好。

阴天黑得早，麻人显得老。

阴阳无忌，大吉大利。

阴来阴去阴场雨，病来病去病投身。

阴盛阳衰。

阴山不绝行路客，恶水仍有渡船人。

因风吹火，用力不多。

因陋就简，勤俭起家。

因寒向火，怕热乘凉。

因祸得福，转败为胜。

姻缘天注定。

音同字不同，气死糊涂虫。

寅葬卯发。

寅吃卯粮。

寅卯不天光。

银样蜡枪头，中看不中用。

银河纵隔断，自有鹊桥通。

银子是白的，眼珠是黑的。

银子钱，有分定。

银钱不露白，露白定分财。

银钱如粪土。

银钱是硬头货。

隐疾难为医。

隐恶扬善，执其两端。

引水灌溉，造福万代。

引狼入室，解衣抱火。

引船靠掌舵，理家靠节约。

饮水要思源。

饮食贵有节，运动贵有恒。

饮食要卫生，一热二解三干净。

饮酒千杯不计数，交易分毫莫糊涂。

鹰饱不拿兔，兔饱不出窝。

鹰虽厉害还是个鸟。

鹰立如睡，虎行似病。

鹰在人手里吃不饱。

英雄出自少年。

英雄不提当年勇。

英雄莫问出处，破落莫问根由。

英雄背后有能人。

英雄不怕战，只怕暗中箭。

英雄造时世，时世造英雄。

英雄出豪杰。

英雄就怕病来磨。

英雄气短，儿女情长。

樱桃好吃树难栽。

樱桃桑葚货卖当时。

鹦鹉舌，画眉嘴，心头藏个鬼。

鹦哥飞进典当店，说巧妙当不得钱。

鹦鹉能言不离飞鸟，猩猩能言不离走兽。

应人事小，误人事大。

应该愁的不愁，却愁明年六月没日头。

应心的老婆，可脚的鞋。

应天时，顺物性。

迎梅一寸，送梅一尺。

茔地不如心地，福田不如心田。

萤火虫只照见自己的屁股。

萤火之光，照人不亮。

蝇头小利，奔东走西。

蝇子不叮没缝的鸡蛋。

蝇子见不得血，赃官见不得钱。

盈箱满笼替人藏，何曾件件穿到老？

赢了不走，输了变狗。

赢的钱报不了喜。

赢钱一只眼，输钱一堆泥。

赢得猫儿失了牛。

影随形，响应声。

硬就硬到底。

硬牛皮，吹不胀。

庸医司性命。

庸医杀人不用刀。

勇气长一寸，困难缩一尺；勇气退一分，困难长一寸。

勇猛刚强，戒太暴；仁爱温良，戒无断。

勇士责己，懦夫怨人。

勇往直前是成功的方向。

勇敢与成功如影随形。

永远珍惜时间，才能得到财富。

永不停息的溪水到了大海，寸步不移的雪山仍在原地。

用之则行，舍之则藏。

用着人朝前，用不着人朝后。

用着是宝，用不着是草。

用钱容易赚钱难。

用药如用兵。

用菩萨，挂菩萨，不用菩萨卷菩萨。

用别人的大方，用自己的手紧。

用心计较般般易，退步思量事事难。

用心打石石自穿，怕难万事不可行。

用对钥匙锁自开。

用珠宝装饰自己，不如用知识充实自己。

优秀的榜样就是最好的劝告。

忧先于事，故能无忧；事至而忧，无救于事。

忧愁多病，心宽体健。

忧令人老，愁能伤身。

由俭入奢易，由奢入俭难。

由浅及深，由近及远。

由着肚子，穿不上裤子。

油干灯草尽。

油多了不香，蜜多了不甜。

游子思归。

游泳淹死的人，常是善游的人。

游好病，歇好眠。

游手好闲。

游手好闲有损，专心务本无亏。

莠草不除苗难发。

有学问的人，求实不求名。

有鸭子不愁赶到河里。

有米不愁下到锅里。

有粉往脸上搽。

有落网之鱼，也有破网之鱼。

有葫芦不愁画不出瓢来。

有用的石头不嫌重。

有混水的，也有摸鱼的。

有风方起浪，无潮水自平。

有穷人没有穷山。

有鸡叫天明，没鸡叫天也明。

有意栽花花不发，无心插柳柳成荫。

有事恨天短，无事觉天长。

有脚就有路。

有大智必有大勇。

有麝自来香，不用大风扬。

有骆驼不吹牛。

有钱难买少年时。

有钱吃药，无钱泡脚。

有钱风也暖，无钱火也寒。

有钱钱受苦，没钱人受苦。

有理不怕势来压。

有理之事望人和，无理之事托人和。

有理说得山倒。

有理没理，原告先起。

有理不可灭，无理不可争。

有理不讲为懦，有话不说为错。

有理讲倒人。

有理不在声高。

有理的想着说，没理的抢着说。

有理说实话，无理说蛮话。

有理无理，全在众人嘴里。

有理不在先告状。

有理走遍天下，没理寸步难行。

有福能享，有祸能受。

有福伤财，无福伤己。

有福之人，不落无福之地。

有福生在六月，没福死在六月。

有福同享，有祸同当。

有福害腿，无福害嘴。

有福谁管你享，肚痛谁管你嚷。

有了满腹才，不怕运不来。

有了腌肉嫌豆花。

有了木耳吃，忘记黄花树。

有了钱，万事圆。

有了张良，不显韩信。

有了圆里方，百事好商量。

有了八尺，可做七尺。

有了吃尽，没了抱棍。

有了后娘有后爷，铁打汉子改了性。

有了狠着，没了忍着。

有儿不知无儿难。

有心不怕路程远，无心哪怕屋门前。

有心打石石成针，无心打石石无痕。

有心打石石自穿。

有心无力，责怪不得。

有心要报会心人。

有心算计无心的。

有心要走切莫留，强留家中是冤仇。

有心不怕千里远，无心寸步也难移。

有享不了的福，没受不了的罪。

有毒心，发毒言。

有醉客，无醉主人。

有上不去的天，没过不去的关。

有上岗就必有下岭。

有缘则聚，无缘则散。

有缘千里来相会，无缘对面不相逢。

有缘遇着，无缘错过。

有手不打孤单客，有口不骂老年人。

有前手，没后手。

有果必有因，有利必有害。

有所恃而不恐。

有求于人，必先下之。

有害病害死的，没有吃亏吃死的。

有病早医，无病早防。

有病方知健是仙。

有病早点医，不要等病死。

有眼不识泰山。

有眼无珠。

有话说在当面，有事摆在眼前。

有话即长，无话则短。

有话说在明处，有药敷在

疼处。

有话说与知人，有饭送与饥人。

有话摆到桌面上。

有事不如无事好。

有事莫推明早，明早事多难成。

有人就有财。

有志不在年少。

有志能做天下事。

有志吃志，无志吃力。

有志者事竟成。

有智赢，无智输。

有智不在年高。

有时千个易，没时一角难。

有小不愁大。

有花自然香。

有来有往有交易。

有上坡必有下坡，有来路必有出路。

有情人终成眷属。

右手画圆，左手画方。

幼不学，老何为？

幼而学，壮而行。

幼年学的好比石头上刻的。

余钱买马，借钱置地。

愚者智之仆，拙者巧之奴。

愚者暗于人事，智者见于未萌。

愚人偏说人愚。

渔网遮不住太阳，谎言骗不过众人。

鱼找鱼，虾找虾，乌龟王八结亲家。

鱼龙混杂，良莠不齐。

鱼塘打鱼要留种，留得小鱼变大鱼。

鱼游锅中，虽生不久。

鱼生火，肉生痰，青菜豆腐保平安。

鱼死不闭眼。

鱼不动，水无波。

鱼过千滚，吃肚自稳。

鱼虾没有三天猛。

鱼在伏里命，人在伏里病。

鱼吃跳，猪吃叫。

鱼吃新鲜米吃熟。

鱼多水不清，星多月不明。

鱼见鸬鹚骨要软。

鱼是鱼味，肉是肉香。

雨天蛇出洞。

雨若不止，洪水必起。

雨里深山雪里烟，看时容易画时难。

雨涝不误浇园子。

雨落檐前水，点点滴旧痕。

雨后出长虹，事后有结果。

与人方便，自己方便。

与人争志，切勿争气。

与人发怒，切莫争斗。

与其瓦全，宁甘玉碎。

羽毛丰满就要飞。

语言是真的好，狐皮是红的好。

愈学习，愈发现自己的无知。

愈入森林，愈见大树。

愈说脚小，愈扶着墙头走。

愈吃愈饥，愈学愈愚。

玉碎不改白，竹焚不改节。

玉不琢不成器，人不学不知礼。

欲远是非，慎交为先。

欲寡精神爽，思多血气衰。

欲速则不达。

欲除烦恼先忘我。

欲人不知，莫若不为。

欲人敬己，必先敬人。

欲人爱己，必先爱人。

欲得真学问，须下苦功夫。

御寒莫如重裘，止谤莫如自修。

御病不如却病，多事不如省事。

寓精明于敦厚之中。

寓教于乐。

遇着绵羊是好汉，遇着好汉是绵羊。

遇人说人话，遇鬼说鬼话。

遇急思亲戚，临危托故人。

遇事不怕迷，就怕没人提。

遇事商量，抵诸葛亮。

遇事敢为，成功已半。

遇饮酒时须饮酒，得高歌处且高歌。

鹬蚌相争，渔翁得利。

冤人冤不就，料人料不透。

冤家宜解不宜结。

冤有头，债有主。

冤枉扒手笑死贼。

元宝顶门还有个措手不及。

圆三径一直径一，方五斜七不够七。

圆木头不稳，方木头不滚。

圆耳朵听不进方话。

圆棍子会碾死人。

园丁爱自己种下的花朵。

远送当三杯。

远看衣冠近看人。

远路从近处走，大事从小处看。

远水不解近渴。

远水救不得近火。

远君子，近小人。

远在千里，近在面前。

远亲不如近邻。

远客生地两眼黑。

远看脸，近看脚，不远不近看眼窝。

远敬衣服近敬人。

远走不如近谋。

愿天下有情人都成眷属。

愿为屋檐泥瓦，不做柜底金砖。

愿者上钩。

愿叫身穷，不叫志短。

愿挨的嘴巴不怕疼。

愿学桃园三结义，不学孙膑与庞涓。

愿得罪君子，不得罪小人。

愿为真理死，不在人下活。

约定俗成。

月无常圆，人无长寿。

月里嫦娥爱少年。

月亮生毛，大雨滔滔。

月亮撑蓝伞，风云多变幻。

月有圆和缺，人有聚和别。

月下提灯空挂名。

月到十五光明少，人过三十不少年。

月圆则缺，器满则倾。

月明星则稀。

月盈则亏，日中则昃。

月凭日亮，人凭血强。

月满则亏，水满则溢。

越静越软，越动越硬。

越有越算，越算越有。

越有越贪，越穷越懒。

越有钱越知道钱有用。

越有越不花，越穷越手大。

越有越奔，越穷越困。

越说他胖，他越喘。

越害怕，越跌交。

越贵越俏，越便宜越没人要。

越老越发癫，越老越新鲜。

越耍越懒，越吃越馋。

越穷越仗义，越富越奸滑。

越说傻，越往灯影近前凑。

越箍越紧，越拷越松。

越吃越馋，越闲越懒。

越怕越有鬼上门。

岳飞流芳百世，秦桧遗臭万年。

云开见日。

云彩经不起风吹，朝露经不住日晒。

运去金成铁，运来铁成金。

运去遇佳人。

运动使人灵活，不动使人呆板。

运动运动，疾病难碰。

运筹帷幄，决胜千里。

# Z

扎条宽腰带，冒充武林人。

杂粮杂饭，吃饱为算。

栽什么树苗结什么果，撒什么种子开什么花。

栽李不结桃，假的真不了。

栽葫芦靠墙，生儿女像娘。

宰相肚里好撑船。

宰相门下七品官。

宰相回来拜四亲。

宰相堂前无二椅。

宰相必用读书人。

在阿谀的人嘴里，说不出实话。

在石头上坐三年，石头也会发热。

在行恨行，出行想行。

在行服行。

在上不骄，高而不危。

在商言商。

在劫难逃。

在什么山上唱什么歌。

在家千般好，出门事事难。

在家不理人，出门没人理。

在家不是贫，路贫贫煞人。

在家由家，出门由路。

在家似龙，出外似鼠。

在家处家，在世处世。

在家靠父母，出外靠朋友。

在家卫家，在国卫国。

再大的步，也跨不过黄河去。

再大的蓑衣，都在雨笠下。

再大的鞋子也不能当船使。

再硬的门槛也得让鞋踩。

赞人骂人是口，推人扶人是手。

脏衣的虱毒，恶人的话毒。

糟糠之妻不下堂，贫贱之交不可忘。

糟鹅浪荡鸡。

糟砻糠打不出油来。

遭劫在数，在数难逃。

遭殃还为热心肠。

早上不知晚上事。

早办早了，晚办晚完。

早不忙，晚心慌。

早不盘算晚吃亏。

早起精神爽，思多血气衰。

早起鸟儿捉虫多。

造烛求明，读书求理。

造屋要余地，做人要余情。

责躬省过。

责己则明，恕己则昏。

责人之心责己，恕己之心恕人。

责人要宽，责己要严。

择其善者而从之。

择日不如碰日。

贼有贼智。

贼走不空手。

贼偷一半，火烧全完。

贼心胆里虚。

贼人怕贼偷。

贼人忌响动。

贼勿空手，勿论笤帚和扫帚。

贼不怕铜墙铁壁，独怕健人凶狗。

贼不打三年自招。

贼不走空。

贼无赃，硬似钢。

贼无脚，偷不着。

贼无底线，寸步难行。

乍穿新鞋高抬脚。

乍穿棉裤烧胯。

乍穿紧脚鞋，步步都难挨。

乍富不离原气象，骤贫难改旧家风。

摘瓜总要把藤牵。

张冠李戴。

张三有马不会骑，李四会骑没有马。

张飞不服马超，曹操偏遇蒋干。

章必循，规必守。

獐子无儿抱兔养，养大兔儿不姓獐。

蟑螂搭灶鸡，一对好夫妻。

涨水的青蛙落水的鱼。

涨潮吃鲜，落潮吃盐。

掌舵的不慌，乘船的才稳当。

长大没年纪，总带孩子气。

长嘴的要吃，生根的要肥。

长一分精神，消一分嫩性。

长疮的不怕皮嫩的。

胀不死个脾寒，饿不死个伤寒。

胀死的胆大，饿死的胆小。

丈母看女婿，越看越有趣。

丈母看女婿，越看越中意；丈人看女婿，越看越惹气。

丈母见郎，割奶放汤。

账怕细算，活怕常做。

账要勤算，书要勤念。

着急吃不上煤火饭。

招牌挂的百家姓，只识票子不认人。

招手不打无娘子，开口不骂老年人。

朝霞不出门，晚霞行千里。

朝霞暮霞，无水煮茶。

朝食三块姜，如得人参汤。

朝要顶穿，暮要四脚悬。

赵钱孙李，大家出主意；周吴郑王，大家来商量。

照前不照后，输口不输身。

照前照后，衣食常够。

照方儿抓药。

照葫芦画瓢，不像也有个七八。

照猫画虎。

照上不照下。

召将容易退将难。

遮遮生人眼，瞒瞒死人心。

遮了不见，露了就见。

这边哭完丧，那边去拜堂。

这边是席，那边是苇。

这山看着那山高，走到那山一般高。

这事未完，那事又起，按下葫芦瓢又起。

这耳朵进，那耳朵出。

这头不着那头着。

斟出的酒，说出的话。

针灸拔罐，病去一半。

针过得，线过得。

针过线不过。

针无两头利。

针往哪里钻，线往哪里穿。

珍珠虽小值千金。

珍馐海味，离盐没味。

真理迟早必胜。

真理曲而不折。

真理面前低头不算丢人。

真理愈辩愈明。

真理即使在黑暗中也发光。

真的假不得，假的真不得。

真货不怕人看，真金不怕火炼。

真正的聋子是那些不听劝告的人。

真人不露相。

真人面前，莫说假话。

真金不怕火，怕火不真金。

真实者寡言，虚伪者多辩。

真武把式当不得假戏子。

诊病后才能开药方。

蒸咸煮淡。

睁着一眼，闭着一眼。

睁眼瞎子真正苦。

睁着眼睛不见贼。

争名者于朝，争利者于市。

争气不争时，争财不争气。

争气不养家，养家不争气。

争价不争秤。

争着不够吃，让着吃不了。

争利起于人，各有所欲；争言起于人，各有所见。

争之不足，让之有余。

争破被儿没得盖。

正月初一想八月十五的酒吃。

正月酒，家家有。

征马恋战斗。

征马讲义。

拯人害人，做贼防贼。

整天打壶不认锡。

整个身子，受不了一根刺。

政如冰霜，奸宄消亡；威如
雷霆，盗贼不生。

挣钱挣得难，花钱一甩完。

正义不伸，万马齐喑。

正不怕邪。

正直是人生之宝。

正理一条，歪理千条。

正人先正己，己正人才服。

正路不走，偏绕邪道。

芝麻油炒韭菜，各人心
所爱。

芝麻绿豆，个子虽小可
榨油。

蜘蛛也得张网，才能捕
虫子。

蜘蛛丝扳不倒牌楼。

脂粉加丑面。

脂膏不润。

知己知彼，百战百胜。

知冷知热是夫妻。

知错认错，以实求实。

知错改错不算错，知错不改
错中错。

知识愈浅，自信愈深。

知识多了不会胀破脑袋。

知识的金锅，谁也偷不走。

知识就是力量。

知人者智，自知者明。

知人未易，人未易知。

知理不怪人，怪人不知理。

知道是宝，不知是草。

知足者，贫贱亦乐；不知足
者，富贵亦忧。

知足称君子，贪婪是小人。

知足常足，终身不辱。

知足长乐，能忍自安。

知足不辱。

知过必改。

知过非难，改过难；言善非
难，行善难。

知过不改，小错变成大错。

知之深，爱之切。

只手难遮半面月，个口难对
满乡人。

直木先伐，甘井先竭。

执烛须防火爆物，吹灯须看火星飞。

指着和尚骂贼秃。

指葫芦骂瓢。

指头是同时生的，但它们全不一样。

指路不明，如暗箭伤人。

指到鼻子要脸红。

指张良骂韩信。

指亲戚，望知己，不如自己立志气。

纸头包不住火，袜子包不住水。

纸人纸马过不了江。

纸扎的老虎看得穿。

纸做的花儿不结果，蜡做的心儿见不得火。

纸上谈兵。

纸糊的灯笼肚里明。

纸糊灯笼，经不住风吹雨打。

纸笔杀人不用刀。

纸花不香。

纸扎的花骗不了蝴蝶。

只因一着错，输了满盘棋。

只顾自己捞一把，哪管他人草不生？

只能动言，不能动手。

只叫拉套，不喂草料。

只拉弓，不放箭。

只看见果皮好，没看见果肉烂。

只有九十九，没有一百一。

只有错拿，没有错放。

只有白染黑，没有黑染白。

只有绝句，没有绝地。

只有小人无小鬼。

只有努力攀登顶峰的人，才能把顶峰踩在脚下。

只有再一再二，哪有再三再四？

只有屈死，没有屈活。

只有聪敏的人，才是最富有的人。

只有迟儿迟女，没有迟爹迟娘。

只要把戏唱好，不在开台迟和早。

只要人有恒，万事都可成。

只要迈步总不迟。

只要青天做了主，不怕浮云遮满天。

只要苦用心，功夫不亏人。

只要记，不要气。

只要心宽，不要屋宽。

只要嫁得好，不要嫁得早。

只听好人哭，不看坏人笑。

只知暑来，不知暑去。

只知自己，不知别人。

只顾前走，不顾后退。

只可种花分天下，不可栽刺害别人。

只因览胜探奇，不顾山遥水远。

只学斟酒意，莫学下棋心。

只听楼板响，不见人下来。

只阴不要晴，只黑不要明。

只图快活，定不快乐，能耐苦劳，必无痛楚。

只图眼前快活，不管死后罪恶。

只讲过五关，不讲走麦城。

治病宜早，除祸宜了。

治风先去热，热去风自灭。

智慧里边有智慧，高山背后有高山

智慧是穿不破的衣裳，知识是取不尽的宝藏。

智慧不凭年龄凭心灵。

智养千口，力养一人。

智欲圆而行欲方，胆欲大而心欲细。

至亲不伤百日和，夫妻不生隔夜气。

至亲不如好友。

至亲莫如父子。

至亲莫若郎舅。

至亲无文，熟不拘礼。

至高不过天。

至乐莫如读书，至要莫如教子。

稚黍子晚花，到老不夸。

志大才疏理想空。

志在必得。

志高品高，志下品下。

钟不敲不响，人不学不巧。

钟鼓在楼，名声在外。

钟不撞不鸣，鼓不敲不响。

中看不中吃，不中看却中吃。

中间无人事不成。

种瓜人吃瓜瓜更甜，养花人赏花花更香。

种瓜得瓜，种豆得豆。

种姜的不一定会种蒜。

重仁义，轻死亡。

重赏之下，必有勇夫。

众人是面镜。

众人是杆秤，斤两称分明。

众人说一个好，胜过自己说十个好。

众怒难犯。

众志成城。

众擎易举，独力难成。

众事莫理，众地莫企。

众星朗朗，不如孤月独明。

众毛攒裘。

众口一词，有口难辩。

中得主人意，必是好东西。

中了山客，不中水客。

周郎妙计安天下，赔了夫人又折兵。

周仓挺虎，还得给关老爷扛大刀。

昼息不如夜静。

昼短夜寒，东海也干。

诸恶莫做，众善奉行。

珠须有孔，龙须有种。

珠玉非宝，五谷为宝。

珠玉不如善友，富贵莫如仁友。

朱门酒肉臭，路有冻死骨。

猪不辣，羊不酱。

猪奶头，羊奶头，不在这头在那头。

猪到千斤总有一刀，人到百岁总有一遭。

猪跟猪亲，狗跟狗亲。

猪拾柴，狗烧火，野狐扫地请客坐。

猪撑大，狗撑坏，人撑成猪八戒。

猪替不了羊死。

猪多肉贱。

猪狗不到头。

猪羊一刀菜。

猪是猪，羊是羊，猪毛长不到羊身上。

竹子养富不养贫。

竹竿虽长，肚里无囊。

竹竿好扶，绵绳难扶。

竹竿量布，价钱上头。

竹破见节。

竹篮打水一场空。

竹门对竹门，木门对木门。

竹筒倒水无留底。

竹筒倒豆直通通。

主雅客来勤。

主人乐者是真龙。

主不吃，客不饮。

主不动，客不吃。

煮熟了的鸡蛋没有变。

住了锣鼓猴不跳。

住山不嫌坡陡。

蛀虫能伤害树根，忧愁能伤害人心。

助祭得食，助斗得伤。

筑室道边，三年不成。

抓乖巧眼前福。

抓住今天，胜似两个明天。

抓着有辫子的扯，没有过去的河。

抓一把，吃一把。

专心事必成，勤劳长才能。

专门找别人错的人，自己的错比别人还多。

砖头绊倒人。

赚得多，用得多。

赚钱勿辛苦，辛苦勿赚钱。

赚钱公分，折本公认。

赚钱顺算，跌本倒算。

赚钱往前算，折本往后算。

赚钱不赚钱，落个肚子圆。

转快利钱多。

桩正不怕墙倒。

装金是人，刮金也是人。

装虎像虎，装狼像狼；虎狼不像，不如不装。

装病的人瞒不过医生。

庄有庄头，庙有庙主。

庄稼人要早起，买卖人要算计。

仔细考虑一天，胜过蛮干十天。

姊妹连肝胆，弟兄同骨肉。

自命不凡的人最愚蠢。

自赞就是自轻。

自古骄兵多致败，从来轻敌少成功。

自古英雄多磨难。

自家有鬼自家知。

自画脸谱自封官。

自己光腚，别笑别人没裤穿。

自病自得知。

自腹疼，自己揉。

自知翎毛短，不敢远高飞。

自大不值钱。

字不可重笔，话不可乱传。

字无百日工。

字怕重，人怕穷。

字怕习，马怕骑。

字是门楼书是屋。

字是黑狗，越描越丑。

字是读书人的招牌。

宗宗有项，夯夯有眼。

总想毁灭别人的人，自己必将被毁灭。

纵虎归山，必有后患。

纵虎伤人，罪过不轻。

纵有千只手，难捂万人口。

纵然蛤蟆唾液，对海也有补益。

纵然蜜蜂有黄斑，谁能说它是猛虎；即使苍蝇有犄角，谁能说它是牯牛？

走不尽的路，说不完的理。

走个穿红的，来个挂绿的。

走远路的人爱起早。

走上步，看下步。

走了的鱼儿是大的。

走的道多，受的罪多；听有话多，知的事多。

走路防跌，吃馍防噎。

走邪道者怕人怀疑。

走一步，近一步。

走马看红，冷眼看绿。

走马看花。

走尽天下，游尽天下。

走不走，留路；吃不吃，

留肚。

走不尽的路，学不尽的乖。

走不尽的路，读不完的书。

卒子过河大似车。

钻头不顾屁股。

钻在钱眼里过日子。

攥紧的拳头有力量。

攥着怕死了，放下怕飞了。

嘴上没毛，办事不牢。

嘴歪还是讲直话。

嘴是祸的根。

嘴大喉咙小。

嘴善心不善，枉把弥陀念。

嘴朝外长。

嘴没把门的。

嘴皮薄薄，会讲会说。

嘴和手是两回事，叫得响的不一定做得好。

嘴内没饭嚼不成。

嘴不让人皮吃苦。

嘴硬货不硬。

嘴硬骨头酥。

最淡的墨水也胜过最强的记忆。

最怕桑尽蚕不老。

最好眼力的人，看不到自己的耳朵。

醉翁之意不在酒。

醉后没不说的话。

醉汉讲的是自己设想的，小孩说的是自己看见的。

醉饱不入房。

醉是醒时言。

尊师学手艺，爱徒授技能。

尊老才有老可当。

尊客面前勿叱狗。

尊而重传。

尊荣则逸乐。

尊而不亲。

昨日花开满树红，今日花落一场空。

昨天是平地，今天开沟渠。

左右只是左右。

左手得来右手用。

作恶的日夜愁闷，行善的日夜欢乐。

作恶事须防鬼神知，干好事莫怕旁人笑。

坐井观天，只有一孔之见。

坐要正，站挺胸，走起路来脚生风。

坐山观虎斗。

坐地等花开。

坐而言，不如起而行。

坐客好安顿，站客难打发。

坐监牢不怕日长，嚼舌头不怕天亮。

做事要有根。

做事要稳，改错要狠。

做贼的不瞒窝赃主。

做到老，学到老。

做事不依众，累死也无功。

做事须顺天理，出言要顺人心。

做事要实地，言语要谦慎。

做事要准，遇事要忍。

做事做了，吃饭吃饱。

做事有计划，免得瞎胡抓。

做人不要过精，做鬼不要过灵。

做人自做起。

做人像人，做鬼像鬼，不要吃人饭做鬼事。

做人家，先学做人慢做家。

做人无志，钝铁无钢；终身无志，干柴不燃。

做盗不能富。

做什么生意赚什么钱。

做何事，思何事；卖何物，招呼何物。

做一行，怨一行。